미래는 우연이 아니기 때문에

내 안에서 나는 여러 갈래다. 실처럼 자아내면 그 실은 굵었다가 가늘었다가 거칠었다가 간간이 부드럽다. 내 안에서 내 문장은 변화무쌍하고 하나이자 여럿이며 간혹 모두가 되기도 한다. 그러다 누굴 만나면 나는 그저 굵은 것 혹은 그저 가는 것, 그저 나, 그러니까 세계의 일부로 전락한다. 그것이 누구와 함께하는 유일한 법임을 알기에, 서글픔을 무릅쓰고, 전부에서 일부로 기꺼이 살기도 한다.

차례

베어진 나무에서 자라난 가지를 보다
긴 기다림
실패자의 자취
타월
타월의 탄생
신체를 얻을 때
손톱
초인의 비밀
초인의 비밀 2
초인의 비밀 3
인어가 되고 싶은 사람도 있어
빛나는 녹색 점
남색 쿠션이 놓여 있다
컨택트
고스트 월드
나그네의 옷
개별적인 하얀 셔츠들
욕조
오늘 밤의 초현실
고양이 세수
산짐승 주의
아버지의 집
당신과 당신의 늙은 어머니
92년 장마, 종로에서
미터기는 멈추지 않는다
끈

우리들은 즐겁다

어느 바텐더의 춤

책이끼

영영 잃기

우리는 함께 살을 찾게 될 것이다

라일락 와인

정체와 행로

먼지의 행복

모리의 언어에 대한 감각

베어진 나무에서 자라난 가지를 보다

친구보다는 동료에 가깝던 사람이, 세계에서 사라졌다. 대부분의 관계 정의에 인색했던 나는 그를 동료로 들이는 데도 수년을 필요로 했다.

그는 수년간 이따금 요청했고, 나는 힘이 닿는 선에서 절반 이상을 수락했으며, 그 일들이 미친 영향, 그 일들을 하는 동안 내가 맞은 일들, 그러는 새 쌓인 나라는 사람의 생애가 그를 '동지'로 자리매김시켜주었다. 그가 내가 있는 세계에 더 이상 존재하기를 멈췄을 때, 나는 아쉬워했다. 우리가 아직 친구가 돼보지 못한 것을. 그가 늘 그랬듯 태연하게 부탁을 던지던 톤으로 나의 집에 방문하겠다던 목소리를 거절한 것을. '지금 당장'의 시간은 너무나 폭좁고, '언젠가 나중'의 시간은 너무나 폭넓었던 그때에 언제나처럼 어색하게 굴었던 것을.

그러나 그와 헤어지고 나서, 그에게 동의를 구하지 않고도 그를 떠올릴 수 있게 되고서, 그와의 대화가 얼마나 편안해졌던지. 나는 자주 쓰지 않는 글의 주인공으로까지 그를 몇 번이나 초대했다.

내가 그간 그와 만나 정을 쌓는다고 여겼던 시간은 그의 윤곽을 보고 그의 소리를 듣느라 눈과 귀가 분주했고, 그러므로 그를 잠자코 생각하는 시간은 못 되었던 것이다. 이제, 내가 더 빈번히 그를 찾은 햇수가 우리 관계의 물리적 시간의 곱절이 되고서, 나는 베어진 나무에서 자라난 가지를 본다. 그 그늘 아래 찾아가 스스로를 쉬이는 법을 안다.

긴 기다림

친구를 기다린다. 기다린다는 것은 수동일까 능동일까. 기다리게 만드는 사람이 있음으로 해서 가능해지는, 그에 의한, 그에 따른 기다림. 운동성 면에서 보자면 수동에 가까울 것이다. 하지만 기다림이 지닌 순전한 목적과 지향을 감안하자면, 수동이란 표현은 박하다. 심지어 지금의 기다림에 한정하자면 나에게 주어진 시간은 20~30분 정도가 아니라 2시간 30분이나 된다. 나는 불가피하게 이러한 대기활동에 활기를 불어넣어야겠다. 아무것도 않기에 150분은 너무나도 기다란 시간이므로. 지금 이 글도 그러한 목적에서 쓰고 있는 것이고, 한 번에 갈 수 있는 목적지를 경유해 가는 것도 같은 이유에서다.

긴 놀이는 휴식이 된다. 긴 잠은 운동이 된다. 긴 머리카락은 근성의 지표가 된다. 긴 것은 활동이 되고, 직업이 된다. 그 사람의 긴 것은 그이의 생활이 되고 그 사람 자신이 된다. 하지만……

아무리 길었어도 줄어들고 있는 것은, 곧 해소될 것은, 곧 자취를 감출 것은 아무래도 그 사람은 아닐 것이다. 그 사람이었지만 차차 그 사람과 무관해지고 있는 것. 기다림이 끝나면 기다리는 자는 존재를 감춘다. 오늘의 캘린더에는 우리의 만남만이 기록될 뿐, 우리의 만남보다도 훨씬 길었던 지금의 기다림은 적히지 않을 것이다.

실패자의 자취

얼마 전에 지인이 실내체육관 하나를 구했다. 같이 아는 몇 사람이 대관료를 나누어 내기로 했다. 대관료는 월회비로 하면 어찌어찌 모일 테지지만, 5:5 경기를 해야 하니 적어도 열 명, 돌아가면서 쉬려면 인원이 좀 더 필요했다. 그래서 우리는 아는 사람들을 최대한 초대했다. 그 초대를 받은, 아주 가깝다고는 할 수 없는 한 명의 사람. 그녀와 일요일 아침, 낯선 체육관에서 만났다.

    그녀와 동시에 같은 편으로 뛸 일은 많지 않았고, 내가 뛸 때 그녀는 벤치에 앉아서 이어폰으로 음악을 들었고, 그녀가 뛸 때 나는 스코어보드를 맡았다. 그녀는 경기를 하다 보면 흥이나 화가 잘 오르는 사람이었는데, 이는 누구나 알 수 있었다. 지고 있는 그녀의 수비는 상대편을 당기다 못해 껴안는 것이었고, 이기고 있는 그녀의 공격 스텝은 스킵이다 못해 공중을 나는 수준이었으니.

    그날은 우리 팀(그녀와 나는 동시에 뛰진 않았지만 같은 홈팀이었다.)이 간발의 차로 지고 있었고, 그녀는 예와 같이 상대편을 밀치거나 끌어당기고, 결코 웃어넘길 수 없는 트래시토크를 시전했다. 함께 뛰고 있는 나머지 넷 중 둘이 안 되겠다 싶었는지 경기 중간에 그녀를 내보냈다. 그녀 대신 들어간 선수는 나였다. 그날 우리는 함께 한 번도 뛰지 않았지만, 같은 쿼터를 절반 이어뛰며 나는 잠깐 그녀가 된 셈이었다. 그녀보다 훨씬 왜소하며 목소리가 작고 임팩트 없는 플레이어로서 절반을 뛰고 나서, 머리를 감싸쥐고 자책하는 그녀의 곁으로 갔다.
"실패, 실패. 나는 실패했어요. 자꾸 실패해요. 왜 이렇게밖에 못 할까요."(그녀의 서툰 한국어는 곧잘 뇌리에 박힌다.) 그녀의 좌절은 승부에 관한 것이 아니고, 도무지 이해할 수 없는 자기 자신에 관한 것이었다.

그녀는 절규했다. 통제할 수 없는 자기 앞에서. 그 실패의 현장을 나는 목격했다. 간발의 차로 다른 사람이 된, 되돌아오는 데 실패한, 길 잃은, 터덜터덜 체육관을 벗어나던 사람. 육중한 체육관 문을 연 그녀에게 쏟아져내리던 외부의 빛 무더기에, 그날 코트에 있던 그 사람은 금세 사라져, 이윽고 없는 사람이 되었다.

타월

냄새나는 것보다는 냄새 없는 것
냄새 없는 것보다는 익숙한 냄새가 있는 것
반듯하게 개켰어도 쉽게 헝클어지는 것
특정한 습관에 따라 닳은 흔적이 없는 것
그러나 늘 사람의 손을 타온 것
소속 있는 것
따뜻한 것
미지근한 것
축축하지 않은 것
축축할 때는 인기 없는 것
좀처럼 구겨지지 않는 것
입거나 걸치지 못하는 것
닦기 위해 젖는 것
필요할 때 손 닿는 데 있는 것
때로 가장 더러운 것을 훔칠 때 쓰는 것
그래서 그 자신이 가장 지저분해지기도 하는 것

훔치기 전에는 비교적 깨끗한 것(하지만 비교는 잘 하지 않는다)

푹 삶아 햇볕에 두는 것

눈부신 것

타월의 탄생

맨 처음 타월을 만든 사람이 있었습니다. 그는 용도를 정하지 않고 그저 쓰는 사람마다 자신의 편의에 맞추면 거기 걸맞은 쓰임새가 생기는 타월이면 좋겠다 싶었습니다. 무엇이든 될 수 있다면, 어째서 타월을 만드는가 묻는다면, 글쎄요. 만들어보고 싶기도 했고, 만드는 걸 도와줄 사람도 가까이 있었습니다.

목화솜부터 꼼꼼히 골라 채취해서 잘 말리고, 면의 결을 고르게 하여 원단으로 가공한 다음, 그것으로 딱 한 장의 타월을 만들었습니다. 과연, 아주 보드라운 타월이 태어났습니다. 새로 만든 타월이 깨끗하고 단정한 벽에 걸렸을 때, 만든 사람은 물론, 보는 사람마저 뿌듯해졌지요. 화려하거나 눈길을 끌지는 않아도, 아니 그렇기 때문에 한층 오래도록 바라보아도 질리지 않고, 매일, 아니 하루에도 몇 번이고 써도 충분히 포근하고 따스했으니까요.

굳이 젖은 손이 아니어도, 봄볕에 데워진 고양이의 등을 쓸어보고 싶듯, 타월이 걸린 곳을 지나는 사람이라면 꼭 한 번씩 타월을 쓰다듬는 버릇이 생겼습니다. 만약 타월이 말하고 생각할 수 있었다면 "난 생긴 대로 살아갈 거야. 괜히 바람이 들어서 타월 아닌

걸 꿈꿀 필요 없어. 이대로도 충분하니까."라고 얘기하는 자부심 넘치는 타월이었을 겁니다.

　　많은 사람들이 세수를 하고서나 손을 씻고 나서 기분 좋게 그 타월로 물기를 닦았습니다. 제대로 상식이 박힌 사람은 같이 쓰는 물건이었음에도, 기특하게 주기적인 세탁도 하고 햇볕에 말리기도 했지요. 하지만 사람 사는 데가 그렇듯, 타월을 무성의하게 취급하는 이도 있었습니다. 확실히 타월은 하루가 다르게 때가 타고 있었습니다.

　　이것은 나무로 치자면, 타월의 나이테가 열댓 둘레는 생겼을 때의 이야깁니다. 한 사람이 어느 날 이런 마음을 먹었어요. '여러 명이 나눠 쓰다니 불편하다. 불편한 것만이 아니라 불결하고 타월 입장에서도 참 안됐다. 모두의 것이란, 결국 누구의 것도 아닌 게 아닌가.' 그리하여 그는 과감해지기로 마음먹었습니다. 정의로운 악당이 되어 그 타월을 독점하기로 작정한 것입니다. 그리하여 타월은 모두의 공간에서 일순간 사라졌습니다.

　　그러나 타월이 없어진 것을 모두가 알아차린 것은 일순간이 아니었어요. 타월이 없어진 것을 안 마지막 사람이 한숨을 내쉴 즈음에, 눈치가 빨랐던 첫 발견자는 이미 그 타월의 색이며 무늬를 까맣게 잊었을 정도입니다.

　　다만 그중 두서넛 되는 사람은 유난했습니다. 몇 주인가 몇 달이 지난 때까지도 그들은 타월이 없어진 탓에 세안도 목욕도 전혀 즐겁지 않다면서, 씻기 싫어하는 어린아이처럼 더러운 손을 축 늘어뜨리고, 여기저기를 배회했습니다. 젖은 솜뭉치처럼 축축한 슬픔을 뚝뚝 떨구면서요.

   타월을 가져간 사람은 어떻게 되었을까요? 내심 자기만이 타월의 진가를 안다고 믿었던 그는 이 몇 사람을 보자 노기가 풀어졌습니다. 인기척이 없는 조용한 새벽에 그이는 몇 달 전보다는 빳빳해진 게 분명한, 그러나 어둠 속에서 조용히 새하얀 빛을 발산하는, 세상에 둘도 없는 타월을 원래의 벽에 가만 걸어두었습니다.

신체를 얻을 때

1
　머리가 아주 작아지는 꿈. 손끝과 발끝이 비정상적으로 커지고, 말소리는 들리지 않고, 반짝임을 통해 눈이란 걸 겨우 짐작하게 되는 사람이 나오고, 그 사람이 나라고 느낀다. 반대로 낮에는 얼굴이 놀랄 만큼 커진다. 특히 상대가 있을 때의 나는 전달이 잘 되게끔 얼굴의 근육과 성량을 최대치로 가동한다. 즐거운 것을 즐겁게 마치고, 한 사람과 열 사람과 모든 사람과 헤어지고 나면, 몸과 얼굴을 씻으러 가서, 드디어 보통 크기로 돌아온 얼굴을 만난다. 생각보다 생기 있어 놀랄 때가 많다.

2
　가방을 왼쪽 어깨로만 메는 습관이 있다. 균형을 맞추기 위해 생각날 때마다 되도록 자주, 꽤 오랜 시간 오른어깨를 쓴다. 결과적으로는 오른쪽을 더 많이 혹사했다. 어깨는 하는 일의 가짓수에 비해 빨리 지친다.

3

천계영 만화에서 두 심장의 박동이 만들어내는 신비로운 리듬을 본 적이 있다. 머리와 머리, 손과 손, 가슴과 가슴 같은 것을 맞댈 때 나오는 전혀 다른 것.

4

등을 대고 누워서 책장을 펼친다. 그때 팔꿈치와 책등이 만들어내는 삼각형은 인체가 유용한 거치대임을 확실히 알려준다. 내가 작았을 때 엄마의 두 팔은 거뜬했다. 비행기를 태워주던 아빠의 두 발도. 그럴 때의 엄마와 아빠를 굳게 지지하던 땅이 있었다. 우리로부터 다달이 세를 받던 조그만 땅이. 세 개의 꼭지점 중 두 개가 지면에 있을 때 책과 사람과 세계는 흔들림없다. 단지 글자를 따라가는 시선만이 부지런하고도 불규칙적으로 움직일 뿐. 자세를 바꾸면 한 꼭지점만 닿기도 한다. 책의 짝수쪽을 읽고 한 쪽 읽기를 마치면, 고개를 돌려 새우등을 한 채로 홀수쪽을 읽는다. 그럴 때에 한쪽 눈은 저절로 감긴다.

5

가장 가까이서 같은 면적과 형태를 가지고 살아가는 손의 등과 바닥은 너무도 다르다. 하나는 직선이고 하나는 곡선이다.

하나는 햇볕에 그을렸지만 하나는 좀처럼 타지 않는다. 하나는 잘 굽지만 하나는 그러지 않는다. 하나는 탄성을 가졌지만 하나는······ 엄마에게는 양 손날과 손끝을 붙이는 버릇이 있다. 엇갈리게 닿는 손끝들이 가볍게 스치는 소리와 율동이 좋다.

6
배의 주름을 묘사한 소설을 읽은 적이 있다. 배는 부드럽다. 배는 안전하다. 배는 사적 영역이다. 배에 주름이 생기는 것은 배의 주인도 잘 모른다. 시간의 흐름을 예민하게 지각하는 사람일지라도. 배를 대고 엎드려 별것 아닌 데 열을 올리던 어린 시절. 몇 시간씩이나 엎드려서, 알고 싶은 모호한 것들을 아는 양 끼적이던 하루, 이틀, 몇 달. 늘어지던 그 시간들은 엿가락처럼, 이라고 묘사하려다가 엿가락이 늘어지는 풍경을 직접 본 적 있는지 의아해져서 관둔다.

7
대부분의 시간을 앉은 채로 보낸다. 살집이 있는 엉덩이가 있어 다행이다. 그래도 오래 앉으면 꼬리뼈가 아프다. 잃은 것은 있던 것의 흔적이다. 없는 것의 주인 행세를 하는 것은 재미있다.

8

　무릎으로 설 때, 무릎으로 앉을 때, 무릎으로 걸을 때, 길 때, 멈출 때마다 생각한다. 무릎은 내가 가진 것 중 가장 크고 단단하다. 매끄럽지 않은 무릎은 불안하다. 하지만 누군가의 등이나 배, 엉덩이에 올려두는 무릎은 안정성에 문제가 없다.

9

　신을 신지 않은 발을 벽에 갖다대면, 벽은 차갑고 딱딱하다. 오른쪽으로 자리를 옮기면, 그만큼의 차가움이 있다. 조금 전 떠나온 벽으로 맨발을 되옮기면, 그만큼의 온기가 있다. 발끝에서 나온 온기가 벽의 것이 되었다가 나에게 되돌아온다. 몇 분의 시간이 흐르는 동안 미지근한 영역이 넓어간다.

손톱

엄지손톱 4분의 1이 으깨진 적이 있다. 자동차 문에였는지 샷시 창문에였는지 그것도 아니면 벽에 부딪혔는지는 기억나지 않지만, 피가 많이 나지 않았고 끔찍한 아픔의 자리를 기대감이 메우던 순간이 생생하다. 손톱 안쪽 살이 어떻게 생겼는지가 오래전부터 그렇게나 궁금했었다. 약간 붉고 물기가 있고 쪼글쪼글하려나. 어쩌면 갓 태어난 아기처럼.

　　알고 보니 손톱 밑의 살은 손톱에 둘러싸이지 않은 다른 살과 그다지 다를 것이 없어서 김이 샜다. 그래도 손톱 있던 자리를 아무렇지 않게 다른 손가락으로 더듬는 것은 재미있었다. 그러고 보면 이 상처를 덮기 위해 손톱이 어떤 식으로 채워나갈지도 미스터리였다. 그러나 저속카메라처럼 규칙적으로 운동하지 않았던 나의 눈은 보름쯤 지나 한 번 눈길을 주었을 뿐이다. 하얗게 변한 손톱의 둘레를 깎을 때 깎일 필요 없는 손톱이 귀퉁이에 남아 있던 것으로 끝. 역시나 김 새게도, 사고를 모르는 사람이 보았다면 그저 말끔하게 손질된 손톱의 하나였다.

초인의 비밀

소년은 갈색 책상에 놓인 노트 위로 몸을 굽히고 혀를 문 채 만년필로
무언가 쓰는 중이었다. 아이는 쓰기를 끝내고 낭송하기 시작한다.
"내가 상상하는 보다 멋진 생활. 너무 춥지도, 너무 덥지도 않았으면
좋겠다. 항상 미풍이 불고 그것이 어느 때는 폭풍으로 돌변해
웅크리고 앉게 되면 좋겠다. 집들은 빨간색이고 숲은 황금색이면
좋겠다. 그리고 무엇이든 모르는 것이 없어 더 이상 배울 필요가
없었으면 한다. 섬에서 살았으면 좋겠다. 거리에는 자동차들이 언제나
문이 열린 채 세워져 있어 피곤하면 아무 때라도 탈 수가 있지만
도대체 피곤하다는 일이 없을 것이다. 따라서 자동차는 주인이 없다.
자고 싶을 때 자고, 비는 절대로 내리지 않는다. 친구들은 경우에 따라
그때마다 네 명이면 된다. 그 밖의 모르는 사람들은 없어졌으면
좋겠다. 그리고 무엇이든 모르는 것은 사라져라."
— 페터 한트케, 홍경호 옮김, 『왼손잡이 여인』

    글이 안 써질 때는 누군가 무엇이든 열심히 쓰고 있는 장면을
찾아 읽는다. 이런 장면을, 그것도 책 안에서 찾기란 어렵지 않다.
거의 대부분의 소설, 적지 않은 산문집, 절대 다수의 논픽션에서
'쓰는 자기'는 모습을 드러내기 마련이며, 그 모습은 쓰기를
완성했다는 증거로서 독자 손에 쥐인다. 이때 읽는 사람은 적어도

이입이라는 독서의 가장 자연스러운 작용을 통해서 쓰는 사람
되는 리허설을 할 수 있다. 그렇게 오늘은 왼손잡이 여인의 작은
소년이 되어 글을 쓰고자 시도한다. 마침 내가 쓰려는 것이 거의
내가 모르는 것이기에. 모르면서도 내 안에 있다고 하는 것이기에
이번 작문에 약간의 아이러니와 약간의 도전의식을 느낀다. 사실 이
작문은 한참 늦었다. 마감이 정해져 있는데도. 아니, 마감이 정해져
있기에 늦은 것일까? 마감이 없다면 애초에 늦을 수도 없었을
테니. 마감에 늦으면서도 아침을 거르지 않는 뻔뻔함.(저작운동이
뇌의 활성화에 도움이 된다던데?) 인절미 몇 조각과 두유 한 잔.
마트에서 산 1리터짜리 두유 겉면에는 이런 문장이 적혀 있다.

    모든 일이 잘되고 건강하시기를 빕니다.

    시리얼에 타 먹으면 충분한 한 끼 식사가 된다고 광고하는 이
고소한 음료는, 무균포장으로 위생적이고, 실온에서 보관 가능하다.
무균, 포장, 위생, 실온, 보관. 어떨 때는 지극히 일상적인 단어들이
모두 굉장히 전문적이며 특수한 상태와 상황을 기술하는 것처럼
읽힐 수도 있구나. '모든 일이 잘된다'와 '건강하다', 이 두 가지
병렬된 희망은 어떻게 연관되어 있나.

    ① 모든 일이 잘되려면 우선 건강해야 할 것이다. 건강을 우선적으로
지켜서 모든 일을 잘 해내보자.
    ② 잘되는 모든 일 안에는 분명 '건강'이라는 카테고리가 포함되어
있다. 모든 일이 잘된다는 것은 건강하다는 말이므로, 둘은

소속관계다.

③ 드물지만 모든 일이 잘 돌아가야만 '건강'할 수 있는 상황도 있을 것이다. 아마도 유병자의 관점? 이는 내가 최근 획득한 관점이기도 하다. 모든 조건이 도와주면 비교적 건강할 수 있고, 이러한 양호한 상태를 덜 잃거나 천천히 잃을 수 있다. 웰빙은 모든 것이 제자리에(well) 있어줌(being)으로써 가능하다. 제 기능을 하는 모든 컴포넌트가 팀플레이어가 되어주기를.

본래 나는 건강에는 그다지 관심이 없었다. 그러나 '힘'에 관해서는? 힘에 기반한 수행에 있어서는? 지나칠 정도로 동경이 가득했다.

그러니 앨리슨 벡델의 『초인적 힘의 비밀』(2021)에 눈길을 뺏기지 않을 수 없던 것이다. 이 책이 국내에 출간된 이후 나는 이 책을 적어도 대여섯 번 읽었다. 읽을 때마다 질리지 않았고, 읽을 때마다 새로운 독서를 선물받았다. 이상하게도 이 만화책은 다른 만화책을 읽고 싶게 하기보다 다른 시를, 소설을, 철학을 읽고 싶게 만들거나 다른 유용하고 실질적인 스포츠 서적을 찾아 읽도록 유도했다. 그래서 이 책을 읽을 때는, 다른 연쇄적인 독서가 불가피함을 받아들이고, 며칠의 여유를 잡고서, 마치 내 방 안을 작은 안식공간처럼 꾸밀 마음의 준비를 했던 것이다. 더불어 이 책을 다 읽고 나면 기지개를 펴고 여러 가지 동사에 몸을 맡기게 되었다.

『초인적 힘의 비밀』의 각 장은 인생 10년을 담고 있고, 초롱초롱한 눈으로 세상을 궁금해하던 어린이가 자의식이 압도적인 청소년을 거쳐 타인과의 관계 안에서 끊임없이 규정받는 성인기를 통과하고, 운동상의 기량은 줄어들었을지라도 상상력과 직관을 따르는 자유의 노년에 이른다. 직업적인 면에서 레벨업한 앨리슨은 브로드웨이 뮤지컬을 집필하고, 여러 대중강연에 초청받는 인사가 되었지만, 아직 해야 하고 그려야 하고 쳐내야 할 과제가 많다. 얼마 전에 어머니는 대장암 진단을 받았고, 어머니를 돌보고 그와의 험난한 관계를 이해할 새로운 힘이 요구된다. 인간을 벗어나는 힘, 무엇보다 자아의 감옥에서 스스로를 해방할 힘이.

아직도 내 눈은 두유 포장지에 머물러 있다. 두유에는 내게 필수적이라고 하는 비타민D가 풍부하다. 비타민D의 섭취만 충분했어도 걸리지 않았을 병이라는 말도 들었다. 이전의 나라면 신경도 안 썼을 '고형분'이라는 말도 눈에 들어온다. 고형성분이 늘어나면 위험하다. 줄어들거나 없어질 확률은 희박하지만, 아예 없는 것은 아니다. 대두고형분 7% 이상, 원액두유는 94.5%. 대두는 외국산이고 여기 든 기름은 채종유이지만, 일단은 밀가루가 들어 있지 않아서 알러지 반응을 걱정하지 않아도 될 것 같다.

니체의 『차라투스트라는 말했다』에는, 널리 알려져 있다시피 '초인(Übermensch)'이 등장한다. 벡델의 초인이 아닐 테고 어원은 언급할 필요도 없다. 그러나 초인을 이야기하는 그 책에 얼마나 많은 '몸'과 '몸뚱이'와 '몸짓'이 등장하는지! 시를 짓고 몽상하고 부러진 날개를 퍼덕일 때도 우리가 원하는 것은 몸이라고, 니체는 말한다. 병든 자들에게 온화하다는 차라투스트라는 그들이 병에서

낯고 극복하여 더 높은 몸을 만들기를 바란다. 도구가 되는 것은 몸이 아니라 정신이라면서. 우리의 영혼을 쥐고 있는 것은 우리의 몸이라고? 의심할 여지 없이 역사를, 삶을 통과해가는 것은 형성 중인, 싸움 중인 몸일 것이다. 점점 이기기 힘든 싸움을 치러나가는 것은 영혼보다는 몸인 것 같다고 느끼는 정신이, 느끼게 하는 몸이 있다. 다시 처음으로 돌아가, 소년의 정신을 나의 손으로 흉내내본다.

초인의 비밀 2

알지 못했던 병을 알고 대응하는 몸을 배우면서 통증 일기를 적고 있다. 지금의 연인을 만나기 전에 쓴 일기가 내게는 최근의 일기였던 것으로 기억한다. 아무리 자잘한 사건이든 함께하는 사람이 생겼고, 그 사람의 기억이라는 외부저장장치에 백업하면서부터 일기 쓰는 일이 줄었다는 흔한 이야기. 어쨌거나 그 일기장에는 내가 잊은 내가 있고, 그와 나는 친구가 되기에는 꽤 멀어 보이기까지 한다. 지금의 일기는 물론 전혀 다른 의도로 쓰여 있다. 약을 먹고서 어떤 반응이 있었고, 약을 먹기 전엔 어땠고, 격한 운동을 하기 전에는 준비된 상태였는지, 운동을 하고 나서 취한 휴식은 충분한 것이었는지, 아프다면 어디가 어떻게 얼만큼 아픈지, 얼마나 지속되었는지 그런 신체에 관한 시시콜콜한 사항들을 적는다. 아주 짧은 일기이지만 그전에는 쓰지 않았던 단어늘이 등장하고, 나름의 인덱스가 생기며, 금세 몇 달치의 로그가 모아졌다.

아주 길 것 같은 고통도 언젠가는 끝난다는 것, 그런 교훈을 요가에서 배운 적이 있다. 하지만 마음 한켠에는 언제나 의구심이 있었다. 언젠가는 끝난다는 것, 그것이 어떻게 위안일 수 있지? 내가 상상하는 마지막 순간의 고통이란, 언제나 미련과 연결되는 것이었다. 하도 많이 리허설해본 머릿속 장면이라 꽤 여러 가지 버전이 있지만, 본질은 같다.

  최근 통증이 끝나지 않을 것처럼 이어지는 열흘을 보냈다. 설마, 만약, 그게, 지금이라면 적어도 이 아픔은 끝나겠구나, 정말로 적지만 말이야. 휘감기는 아픔의 타래에서 처음 감지한 맛이었다.

초인의 비밀 3

오른쪽 세 개 폐엽(이전까지는 폐가 어떤 구조로 몇 개 단위로 나뉘어 있는지 몰랐다) 중 아래쪽에 1센티미터의 결절이 있는데, 혹만큼 크지는 않고 돌만큼 단단하지는 않다. 말랑한 젤리를 연상하면 된다. 간유리라는 별명을 가지고 있는 결절인데, 그 안에 고형성분이 있는 이러한 형태를 우리 의사들은 좋아하지 않는다. 염증성 양성 결절일 수도 있겠지만, 크기가 작아서 조직검사는 불가능하다.
	당신에게는 두 가지 선택지가 있다. 매 4개월마다 추적검사를 하는 것과 진단목적의 절제수술을 하는 것이다.("추적검사를 하면 어떨까요?"라고 물으니 정작 "그럼 언제까지 추적할까요?"라는 대답이 돌아왔다.) 폐 일부를 절제하기 위해서는 옆구리에 세 개의 구멍을 내야 한다(이 말을 할 때 의사는 내 옆구리를 찔렀는데, 간지럼을 많이 타는 나였고, 무방비 상태에서 들어온 '쿡'이었지만, 웃음을 터뜨리지는 않았다. 일부러 참은 것은 아니었다. 이 이야기를 나누고서 두 달 뒤 정확히 이때 찔린 옆구리에서 통증을 느꼈다, 고 두 달 뒤의 나는 기록하였다). 우하엽의 4분의 1을 절제하게 되면 전체 폐의 10퍼센트를 잃는 셈이다. 물론 수술을 한다고 해도 추적은 지속할 것이다. 수술을 하게 되면 2주 동안 PET CT와 골스캔을 포함한 11가지 무거운 검사를 받아야 한다. 수술을 통한 정밀조직검사로 암을 진단할 확률은 97퍼센트, 진단에는 열흘이 소요된다. 암으로 산정특례를 받는 소급기간은 1개월로 한정된다.

인어가 되고 싶은 사람도 있어

당연하게도, 인어가 되고 싶은 사람도 있어
육지의 삶이 지긋지긋해서 도망쳐온
기력 없는 몽상가로만 볼 필요도 없지

분에 넘치게도 공기에 둘러싸여
공기 없이는 소리의 파장도 빛의 도달도 어렵다는 걸 잊고
자유로운 듯이 우리들 잘들 살아가지만

휴가철 물속에 잠깐만 있어도
깨닫게 되는 것이 있잖아?
찰나에 감지되는 육체의 한계
문자 그대로 그런 게 체감遞減 이지

그런 가끔이 오래
아니 영원이 되어도 좋겠다는 기꺼운 기분은
무척 설레는 사건이었어

평소와는 다른 밀도를 지닌 매질을 만나
빛과 소리가 굴절하는 색다른 방식을 느끼고
얼마 지나서는 그것들의 희박함을
의심할 수 없게 희박한 그들의 둘도 없음을 깨닫는 기회

물에 사는 생물을 바깥에서보다 선명하고 크게 보면
그림을 그리고 싶어지지
알맞은 색깔을 고민하려는 찰나
그들은 포즈도 취해주지 않고 나를 배경 삼아 지나쳐
나로서는 그저 되도록 눈에 오래 담으려는 노력이 이어지고

그런데 말이야
잘 보이는 것만큼이나 전혀 보지 못하겠는 경험도!
해수면 조금만 밑으로 내려가도
빛은 힘을 못 쓰거든

빛이 드는 가벼운 유광층
그 익숙하고 따듯한 켠에서 게걸스레
광합성하며 자라난 해양식물들과 동떨어져서
우리는 우리의 짧은 생 동안 줄곧 데워지다가
이제는 데워졌던 기억만 갖고

푸른빛의 세계로 내려가는 거야

그렇게 한 계단씩 내려가 마주한 암흑 속에서
내 몸뚱어리 하나의 온도도
제대로 조절하지 못하는 무력감을 배우다가
이것저것 떠올리기에는
산소가 염려되기 시작하는 그때에는

커다란 열기구를 그려본다
소꿉 같은 내 생활을 위하여 열로 변한
둥그런 빛덩어리를 본다

빛나는 녹색 점

아주 뜨거운 여름, 제주였다. 살갗이 익는 냄새가, 도로가 소독되는 냄새가 나고 있었다. 고도가 높은 곳의 널찍한 아스팔트 도로. 포장이 된 지 얼마 안 된 도로는 고열에 신음하며 봄과는 다른 아지랑이를 피어올렸다. 그 짙은색 도로 중간에 밝게 빛나는 녹색이 있었다. '볕'보다 농축된 그것. '빛'보다 무거운 그것. 그것이 무엇인지 확인하기 위해서는 수직으로 떨어지는 열을 감당해야 했다.

다가갔다. 그것은 움직이는 애벌레였다. 그것의 색상이 얼마나 비현실적이던지 신형 텔레비전에서 화면보호기로 쓸 만한 영상 같았다. 그것은 높아졌다 낮아졌다 하면서 애벌레 최대의 몸짓으로 운동했다. 그에게 전진이란 끊임없는 상승과 하강의 반복인 모양이었다. 내가 멀었을 때 그 눈부신 연둣빛 점은 정체를 알 수 없는 것이었지만, 내가 가까워졌을 때 그 점은 무지막지한 생명력으로서 떠들썩하게 제 존재를 어필해냈다.

하지만 언제까지고 관심을 둘 수는 없으므로, 뒷목이 데워지는 걸 넘어서 따가와지기 시작한 나는, 다시 내가 있던 자리로 돌아가기로 마음먹었다. 조그만 정자 밑. 아무리 애써도 발가락까지는 가려지지는 않는 작은 타원형 그늘로. 그렇게 이글이글 타오르는 도로 한중간에서, 도로 바깥으로, 정자 밑 벤치로, 나도 나 나름의 몸짓으로 이동을 마쳤다.

   그에 따라 그 생명체는 다시 작은 연둣빛 점으로 돌아갔지만, 처음과 달리 이제 내 눈에는 그 점의 운동이, 변화가, 전진이 선명했고, 그것의 미래(그 큰 풍경을 벗어날 때까지 연둣빛 점은 부지런히 움직일 것이다.)까지도 그려졌다. 꽤 멀리 갈 것이었다. 몸피는 아니라도 궤적으로만 치자면 상당히 길어질 터였다. 해에 노출된 발끝을 보면서, 도시에서 타지 않은 하얀 살을 잠시 바라보던 기억. 그러다 눈을 들었고, 때맞추어 덤프트럭이 지나갔다. 찰나였다. 그 넓은 도로의 한중간을 정확히 타격하던 여러 개의 타이어. 타이어는 크고 일사분란했다. 타이어라는 사건을 겪은 연둣빛 점은 선이 되고 뭉개지고 넓어진 다음에는, 결코 미동하지 않았다.

남색 쿠션이 놓여 있다

남색 쿠션이 놓여 있다. 쿠션을 제하고는 여백이 별로 남지 않을 정도로, 화면은 쿠션을 큼지막히 담는다. 쿠션은 노란 기 없이 차가운 파랑을 띠지만, 그럼에도 꽤 푹신해 보인다. 오래 쓴 쿠션인 듯, 부푼 부분과 눌린 부분이 명확히 구분되는데, 움푹 팬 부분은 폭이 좁다랗다. 시간이 흐르면서 쿠션에 조금씩 노란 기운이 섞이고, 시간은 느려지는 듯 빨라지는 듯 알 수 없는 속도로 빛에 숨어 움직인다.

한낮, 쿠션의 색은 청록에 가까운 파랑이 되었다. 화면 오른쪽으로 새하얀 발이 들어온다. 한 발이 신중하게 진입하자마자, 나머지 발들이 과감하게 화면을 메운다. 가느다란 털이 촘촘 박혀 있는 뭉글뭉글한 모양새지만 털이 풍성할 뿐 살이 적은 발들이 사뿐하다. 순식간에 쿠션 위를 푹신한 네 발이 지나간다.

해는 서쪽으로 기울면서 조각피자같이 세모진 조각을 쿠션 가운데 얹는다. 조각은 조금씩 가려지다가, 이내 커다란 털보 몸체에 깔렸다. 동물의 털이 아치형 윤곽선을 두르며 눈부시게 빛난다. 가장 빛나는 부분은 하나의 가닥에서 다른 가닥으로, 꼬리에서 등으로 옮겨가며, 뿌애지다가 날카로워지고 이내 없어진다.

  방석은 언젠가부터 둔한 몸체에 깔려 있기만 하다. 게으른 걸까, 졸린 걸까, 하루 종일 때로는 며칠씩 방석 위를 드리운 거대한 몸체. 만사가 끌리지 않는 제안이라는 것처럼 동물은 숨조차 느긋하고 불규칙하게 쉬고 있다. 보는 눈이 만지는 손이 된 듯 작은 심장 뛰는 것을 따뜻하게 느낀다. 어떤 동물에게는 세계의 전부인 방석. 그 세계에는 단 하나의 생명체만이 서식해왔다.

  방석 위는 깨끗하다. 수많은 지난번처럼, 노랑 하나 섞일 틈 없이 완벽히 짙푸른 방석이 새것 같다. 화면은 방석을 좀 더 크게 잡는다. 처음부터 이 영상을 바라보지 않은 사람은 방석의 일부인 줄 알지 못할 것이다. 방석의 표면에는 가느다란 털이 꽤 남아 있다. 대부분은 누워 있고, 어떤 것은 콕 박혀 있다. 그리고 박힌 것인지 잠깐 떠 있는 것인지 알지 못할 한 가닥의 털이 이따금 빛을 발한다.

  얼마나 시간이 흘렀을까. 아주 오랜 시간이 흘렀는지도 모른다. 몇 가닥의 털이 치워지지 않은 채 아직 고스란한 남색 쿠션 위를, 한 손바닥이 덮는다. 손바닥은 스스로 만든 온기를 쿠션에서 선물받았다고 착각한다.

컨택트

신수동에 있는 우리 작업실. 작업실 양옆에 커다란 창이 죽 이어져 있어서 계절의 변화를 바로 느낄 수 있다(눈으로는 물론 피부로까지). 적어도 세 가지의 새들을 아주 가까이서 뜯어볼 수 있다. 귀엽고 말이 많고 산만한 아이들. 말의 종류가 여럿이라는 것도 알게 되었다. 빽 지르는 듯한 고음, 스타카토처럼 틈 없이 톡톡 내는 중고음, 형용하기 어려운 멜로디 같은 것. 어떤 때에 어떤 상황을 마주쳐서 내는 것인지 관찰하고 있다. 개체수가 여럿일 때 내는 것이 있고 한 마리가 친구들을 부르는 듯 크고 길게 소리를 내서 진짜로 친구들이 같은 가지에 내려앉고, 가지는 그 무게에 휘청휘청거리는 장면도 보았다.
　처음 입주했을 때는 1.5층 정도 키였던 소나무들이 쭉쭉 자라 지금은 소나무잎으로 가지로 2층 창문을 때려대는 때도 있다. 세차게 두드려대는 때는 바람이 불거나 눈발이 흩날리는 시기인 만큼 영화 컨택트가 절로 떠오른다. 창에 딱 붙인 가지와 뾰족한 잎들이 입김이라도 부는 듯 창이 온통 뿌옇다. 근처 재개발

지역에서 경의선 숲길로 옮겨왔다니까, 몇 년에 한 번 서울 내에서 옮겨다니는 나만큼은, 동물에 가깝다.

고스트 월드

서울의 한 공원에서는 이제 바둑과 장기를 둘 수 없게 된다고 한다. "장이요."와 "멍이요."를 이제는 더 들을 수 없게 되었다. 그런 말을 나 자신이 발음하거나 반대로 대상이 되어 들어본 적도 없는데, 어쩐지 하나의 시대가 끝난 것 같아 아쉽다. 꼭 낯선 곳을 여행하는 것처럼 이방인의 감각을 부여해주던 그러한 소음들. 그 낯섦은 그들로서는 전혀 지니거나 느낄 수 없는 것으로, 온전히 행인이자 이방인인 나에게 주어지는 특전이었다.

피크닉을 하거나 조깅을 하거나 산책을 하는 이들과는 전혀 무관한 사람들이 공원을 점유하는 시간. 그러니까 대부분의 사람은 진작 공원을 떠났으나, 공원을 터전으로 삼는 사람들의 무대는 이제부터라는 듯한 오후, 그런 초저녁에는 장기판을 마주하고 두 남자가 앉아 있기 마련이나. 때로는 세 사람이, 때로는 네다섯 사람이 앉아 있어서 아주 잠깐 스쳐 지나가는 정도로는 누가 플레이어인지 파악하기 어렵다. 그런 노인들의 카리스마 혹은 창백한 무표정. 주변에 듬성듬성 모인 구경꾼의 흥미로워하거나 지친 기색(그들은 어떠한 기색이든 숨기지 않는다). 그 모두를,

결코 뚫어져라는 아니게, 결코 눈을 반짝이면서는 아니게, 멀찍이서 지나치는 나. 나는 그들과 '우리' 될 일은 없겠다고 생각하며 그곳을 지나가곤 했다. 그들의 실력과 습관을 파악하거나 관찰할 기회가 장래에 없으리라 생각하며.

그러나, 그렇기 때문에, 나는 그들을 지나치고서도 한참을 그들에 관하여 생각하곤 했다. 그들이 맛보았을 숱한 패배의 개수. 그들이 이따금 느꼈을 승리의 환희. 어떤 날의 환희는 새로운 도전자가 나왔을 때, 나에게 매일 지던 상대가 덤빌 때, 주어진 기쁨함과 보람이었을지도 모른다. 구경꾼들에게도 이야기는 많다. 그들이 구경하는 동안, 그들의 가족은 식사를 만들며 그들을 기다렸을 것이다. 식사 만들어줄 식구가 없어서, 그래야 하는 식구가 오늘은 자신보다 더 늦어서, 그들은 5분만 더, 10분만 더 하면서 이 게임을 지켜보았는지도 모른다. 구경꾼이 부주의하게 뱉은 훈수가 한 사람의 통쾌한 복수를 가능케 하고, 그날은 굉장한 승리의 밤이 되었을지도 모른다. 방금 그 게임은 몇 수 만에 끝난 것일까. 승리에 결정적이었던 한 방은 어떤 수였을까. 상대는 그 위력을 언제 짐작했을까. 뒤통수를 얻어맞은 것 같았을까. 아니면 아차 싶었을까. 아차 싶었을 때는 이미 너무 뒤늦었던 걸까. 승리자는 승리를 확신한 순간에 웃었을까. 웃었다면 얼마나 통쾌하게? 그저 보일락 말락 하는 미소에 그쳤으려나.

Ghost World. 미국의 언더그라운드 만화가 대니얼 클로즈는 시카고 빈민가에서 이렇게 써진 낙서를 보았고, 동명의 작품을

발표(1995~1997)했다. 고스트 월드. 나는 왜인지 아까 말한 그 공원을 지날 때마다 이 낱말을 떠올리곤 했다. 시카고에 가본 적 없는 내가, 서울에서 우리말로 번역된 언더그라운드 만화를 읽던 2000년대 후반의 거리가 떠오른다.

　　　　나는 이 만화의 주인공들보다 몇 살 더 먹은 채로 책을 처음 읽었다. 친구 몇에게 사줄 정도로 그 책을 좋아했다. 그리고 그 책을 몇 번이나 잃어버리고 잊어버려서 나 역시도 몇 권이나 사서 가지고 있었다. 훌륭하거나 탁월하다고 생각한 건 아니었다. 오히려 그 반대랄까. 정교한 흑백만화책조차 되지 못한 것 같은 그 우중충한 녹색(이 색상이 배경도 글씨도 음영도 담당한다) 만화책을 보면, 어쩐지 애틋한 감정이 일었다. 슈퍼에서 싸구려 꽃을 사다가 자기 마누라 갖다주려는 듯 보이는 조그만 할아버지나 "못생겼는데도 서로를 끔찍이 사랑하는 커플"을 길에서 발견했을 때처럼, 귀여워하는 마음이 만들어졌다.

　　　『고스트 월드』는 10대의 끄트머리에서 여기저기 Ghost World라는 낙서 가득한 길거리를 배회하는 소녀의 이야기다. 그 소녀는 동네를, 거리를, 거기 있는 사람들을 관찰한다. 그가 관찰하는 동안, 거리의 행인은, 카페의 웨이터는, 교정의 교사는, 소파 위의 아버지는 부지런히 기록된다. 그의 눈에는 버스 기다리는 승객도 한 명 나온다. 익명의 누구이지만, '노먼'이라는 어엿한 이름도 붙여주었다. 노선이 바뀌고 나서는 버스가 안 다닌 지 수년째인 정류장에, 늘 대기 중인 승객이 있는 것이다. 정확히는 예비 승객이. 카우보이 모자를 쓴 중년이 다리를 꼰 채 앉아서 하염없이 버스를 기다린다.
　이 책을 처음 읽었을 땐 꽤 문어적인 번역투가 10대가 쓰기에는 딱딱하고 무거워 보였다. 그러다 오랜만에 이 책을 읽으니 이 번역문 역시 가벼워 보이려는 의도가 느껴진다. 이제는 쓰지 않는 한국의 은어도 여럿 남아 있다. 나의 고스트월드. 장소라기보다는 시절임에 분명한 거기에는 장기판이 벌어지고, 내게 어느 순간 익숙해진 소음이 끊이지 않는다. 그러나 그곳은 없어질 예정이라고 하고, 그래서 난 그리워하는 마음도 잠깐 가져본다. 어떤 사람들에게 그곳은 사라지지 않을 것이다. 그래서 난 다시 괜찮아지기도 한다. 괜찮아진 나는 이 만화책 없이도 다시 수년을 살아갈 것이다. 그러다가 노선이 변한 걸 알면서도, 갈 필요가 없는 곳에 다시 들러보고 싶어진 어느 날의 버스기사가 되어서 고스트월드를 방문하겠지. 노먼과 이니드를 싣고 갔던 그 기사처럼.

나그네의 옷

"옷을 벗기려고 하니까 더욱더 여미게 되더라고. 근데 이제는 답답해서 내가 스스로 벗고 싶어졌어."

"이제 살 만해졌는데 웬만하면 입고 있어. 금방 쌀쌀해져."

나를 포함한 회사원 몇은 만날 때마다 옷에 관한 알레고리를 써서 상사의 영악함, 자신의 배짱 없음, 조직생활의 불편을 이야기하곤 한다. 우리를 못살게 구는 상사나 조직문화를 바람이나 해로, 사원들 자신은 외투를 여미는 나그네로 설정하는 것이다. 은어를 쓸 필요도 없고, 이니셜이나 억지스러운 별명을 마련할 필요도 없고, 무엇보다 오랜만에 이야기하거나 새로운 화자가 대화에 참여하는 경우에도 금세 이해되는 것이라 편리하다.

배가 찢어지게 유쾌할 것까지는 없는 험담을 계속하는 데에는 다른 혜택도 있다. 나 혹은 친구, 동료가 해와 바람을 이야기하면서 자연스럽게 획득한 나그네라는 지위는 그럴듯하다. 나그네라는 예스럽고도 신선한 발음, 그 단어에서 연상되는 헐거움, 빈손, 정처 없음, 서늘한 기운 따위는 우리에게 확실히 과분한 것.

우리가 만날 때 우리는 우리가 벗고자 하는 옷, 혹은 입고자 하는 옷이 무엇인지 서로에게 소명하고, 그러나 그걸 입고 벗기가 얼마나 어려운지를 상대에게서 공감받는 데 기꺼이 긴 시간을 할애한다.

　　우리가 헤어지면서, 그들과 나로 나뉘면서, 조직이고 개인이고 간에 인간이란 참 번잡한 존재구나 하고 발걸음을 옮길 때, 일부러 좋은 생각 하나를 한다. 그것은 나그네의 가벼운 옷에 관한 상상이다. 박목월의 나그네와 슈베르트의 겨울 나그네가 걸친 옷에 관한 상상이다. 우리는 어떤 옷으로 인하여, 이따금 구름에 달 가듯 할 수 있어진다. 두 다리를 혹사하면서도 마음은 가벼울 수 있어진다. 몸을 잘 감싸고 잘 가리고 보호하듯 마음도 그렇게 할 수 있어진다. 혹은 마음은 그렇게까지 안 해도 된다. 가벼운 것으로 취급해서 어디 멀리 보낸대도 나무랄 사람 하나 없다. 좋고 가볍고 폭신한 옷감의 덕분으로, 마음은 없어질 수 있다. 그런 생각을 한다.

　　일반적으로라면 리넨은 여름, 양모는 겨울이겠지만, 적어도 상상 속에서 나그네는 정반대로 입기를 마다하지 않는다. 겨울바람을 그대로 느끼고, 고통에 몸을 내맡기고, 때로는 무감해하고, 생을 아까워하지 않으면서 땅에 고꾸라지는 나그네. 그에게 걸맞은 옷이란 어떤 것일까. 나그네라고 해서 맨몸일 리는 없을 것이다.

개별적인 하얀 셔츠들

잃어버린 관계에 대해서 쓰려고 하면, 그 대상이 아무리 국소적이고 오래전에 종료된 것이라고 해도 틀림없이 실패하고 말 것이라는 예감이 든다.
　얼떨결에 두세 달 다녔던 첫 회사 말고, 어떻게든 한 해를 채워보려고 아등바등했던 첫 회사도 말고, 드디어 한 사람의 직원으로 무언가(일!)를 하고 있다고 느끼게 해준 진정한 첫 회사에서, 나는 스물다섯 살이고 그녀는 스물아홉 살이었다. 나는 직함이 없는 편집자이고 그녀는 디자인부 대리였다. 여름이면 샌들 신은 발에 항상 에나멜이 칠해져 있던 그녀.
　그녀에게는 하얀 셔츠가 여러 장 있었는데 내 눈에는 그게 그것으로 보였지만 그녀는 그 용도와 효과를 엄밀히 구분하고 그들이 채울 수 없는 빈자리를 또 다른 개별적인 하얀 셔츠로 채울 줄을 알았다. 그 덕분에 나는 과거의 그녀를 하얀 셔츠 차림으로 기억하게 되고, 그 한결같은 수수한 아름다움은 회상할 맛이 난다. 그녀는 다이어트를 하기 위해서가 아니라 맛이 있어서 점심을

샐러드로 먹는 사람. 그리고 혼자서 국내 여행을 갈 수 있는 사람이었다. 탐험처럼 견문을 넓히는 종류의 해외여행이라면 나도 자신있지만 모국을 혼자 여행하기는 어쩐지 겁이 나서 지금까지도 잘 도전하지 않는다. 그녀에게 국내여행은 도전이 아니었고, 지금도 아닐 것이다. 그녀가 혼자 떠난 제주를 나는 초대도 받지 않고 며칠 뒤에 따라갔었다. 그녀는 반겨주었지만, 그 겨울의 섬은 조용하다 못해 고적했다. 누군가 동행이 생길 수도 있는 여행, 그 동행에 따라 루트가 바뀔 수도 있는 여행, 그 동행이 아니라도 지역민과의 시시콜콜한 교류로 시끌벅적한 순간순간, 그녀의 여행에는 없는 그것들은, 그전까지 나의 여행에 있어서는 필요충분조건이었다.

  우리의 직장은 파주에 있었다. 우리 집은 마침 파주에 있어서, 그 시절의 나는 부모님과 함께 살고 있었다. 출근할 때는 아빠가 데려다주고, 점심 도시락은 물론, 요기할 용도로 간단한 채소나 간식 같은 것을 엄마가 챙겨주었다. 하루는 파프리카(아마도 나는 그것을 다이어트할 요량으로 챙겨 갔을 텐데)를 통째로 베어물면서 모니터를 바라보던 내가 눈에 들어온 그녀가, 온통 파프리카 색으로 물든 내 입가를 가리키며 웃음을 터뜨렸다. 약간 멋쩍긴 했어도 나는 전혀 기분 나쁘지 않고 오히려 덩달아 즐거웠다. 그녀는 평소에 헤프게 웃지 않고, 누굴 놀리지도 신소리를 하지도 않는 사람. 그런 그녀에게 커다란 웃음을 선사한 일이 나를 행복하게 만들었던 것이다.

욕조

어제 꿈에는 너가 나왔어. 너는 작은 아파트에 살고, 그 아파트에 자기 방을 가지지 않은 사람은 너 하나였어. 인간이라면 누구나가 나름의 아픔을 가지기 마련이지만, 그것을 노출된 채로 소화해야 하는 생활이 버거운 모양인지, 너의 목욕은 아주 길고 느긋했지. 때때로 눈물이라도 흘리는 듯 때때로 그 안에서 편지를 쓰거나 그림을 그리기라도 하는 듯, 너의 목욕에는 충분한 시간이 투자되었어.

방이 없는 너에게 온 식구가 함께 쓰는 욕조는 어떤 의미였을까. 따지고 보면 다른 식구들은 해치우듯 샤워를 마치곤 했으니 욕조를 제대로 쓰는 건 너뿐이었을 거야. 욕조로서 썼다고는 할 수 없을지라도.

오늘 밤의 초현실

너의 어머니가 돌아가신 열다섯 살 때 처음 안…… 얼마 전까지 생생하던 사람이 이제 없다는 초현실. 그리고 이어지던…… 나는 단 한 순간도 너를 위하여 어머니가 될 수 없다는 현실 자각. 옷을 갈아입을 때 방문을 닫지 않는 너의 옆에서, 나는 늘 엉거주춤했다.
　　　너와 열 살 터울인 막냇동생이 장례식에서 어머니를 찾던 기억. 당혹스러워하는 주변 사람들을 보고 그 애가 조금씩 훌쩍거리더니 이내 큰소리로 울어젖히던 기억. 처음부터 알고 있던 걸까. 너희 아버지가 군인이어서 너를 따라가면 소보루빵 같은 것을 PX에서 200원 주고 사먹을 수 있었고. 스무 살짜리 군인들이 전화번호 적은 쪽지를 구겨서 던지면, 우리는 그 종이공을 밟거나 되던지지 못했다. 그때 우리의 장기는 그저 물끄러미 넘추고 말던 것. 서로 말고는 누구의 눈에도 띄고 싶지 않다는 듯이. 너는 어머니가 돌아가시고 아버지를 따라 지방으로 내려갔다. 매일 보던 너를 꼬박 2년이 지나서 만나러 가는 길, 처음으로 광역버스를 혼자 탄 기억, 너의 얼굴을 보자마자 울고 싶어진 기억. 둘이

스티커사진을 찍고 헤어진 다음, 그걸 폴더폰의 뒷면에 붙인 기억. 찍자마자 서로 붙여준 거였을까, 버스에 올라타고서 나 혼자 좋은 자리를 찾아 붙인 거였을까. 이상하게도 두 가지의 기억이 모두 있다. 우리의 관계보다 그 스티커가 오래갔다는 사실. 스티커가 떼어지고(내가 뗀 건 아니다, 그것만은 분명히 기억난다) 끈적임이 남은 자리에 엄지를 올렸다 뗐다 하는 습관이 생겼었다.

    오늘까지 너는, 공기계가 된 핸드폰처럼 서랍 아래칸에 잠들어 있었는데. 너의 가르마 생긴 모양과 걸음걸이, 교복의 주름지는 부분, 웃을 때 눈꼬리, 조금 길어 보이던 양말 목, 항상 구겨져 있던 치마 뒤쪽, 외가의 영향으로 자리 잡은 독특하게 사랑스럽던 억양이 지금 아주 생생하고…… 생생한 사람이 곁에 없다는, 오늘 밤의 초현실.

고양이 세수

남동생이 다니는 태권도 학원에서 운영하는 승합차를 얻어타고 초등학교에 등하교하던 시절의 기억. 나는 이상하게도 어렸을 때부터 놀림받지 않는 사람이었고, 동생은 이상하게도 어렸을 때부터 놀림받는 사람이었다. 나는 음식물이 입가에 묻어 있어도 놀림받지 않았고, 동생은 가까이서가 아니면 보이지도 않을 만한 눈곱을 이유로 놀림받았다. 돌이켜보면 가까이서 들여다보게 되는 동생 쪽이 이상한 방향으로 인기가 있던 셈이라고도 생각된다.

　　승합차는 승합차치고 조그매서, 거기 조그만 아이들이 한 시루 담겨 있자면, 마주 앉은 아이들의 무릎끼리 부딪치곤 했다. 하루는 아이들이 동생더러 세수를 안 했냐고 물었다. 동생은 입을 다물고 있었다. 앙? 꽉? 실룩? 어떤 표정이었더라. 실제로 그날 아침 그 애가 세수를 했는지 하지 않았는지는 기억나지 않는다. 분명 눈곱이든 침 자국이든 단서가 있었을 것이다, 나머지 아이들이 한 명의 아이를 둘러싼 데는. 아이들은 완고하게 입 다문 한 명의 아이에서 눈을 떼고 이번에는 나를 향해 눈을 반짝였다. "얘, 세수 안 한 거 맞지?" 세수했다고 확언하는 것은 팔이 굽은 것 빼고는 아무것도 증명하지 못하고, 어떤 상황도 호전시킬 수 없을 것이라고. 나는 빠르게 계산했다. 그 애를 지키고 싶었다. 내 입에서 나온 단어는 '고양이 세수'였다. 고양이 세수를 '했다'는 게 중요했다. 그 절묘한 애정에 감동한 것은 딱 한 명이었다. 그것이 나의 동생이었다면 좋았을 것이다. 내 셈과 다르게 아이들은 일제히 웃어젖히기 바빴다. 배꼽을 잡고 눈물 흘리는 아이까지 있었다. 그 절묘한 애정에 감동하고, 인정이 부족한 세상에 절망하고, 그러고 나서 오래도록 동생에게 주의를 기울이고, 스스로의 언어를 반성한 것은 딱 한 명. 지금도 이러한 회한의 글쓰기를 이어가고 있는 것은 딱 한 명. 나라는 누나다.

산짐승 주의

"식물은 바람도 쐬고 햇빛도 쬐야 하니 바깥에서 키워야 돼." 엄마 말을 귓등으로 안 들은 채 "그럼 화분받침이 왜 있겠어?" 하며 반려식물 셋을 실내로 데려와 휑한 벽 한쪽에 보란듯이 놔두었더니 엄마가 웬일로 "그래도 이 안에 두니까 뿌듯하긴 하네, 기분이." 하고 고집을 굽혔다. 뿌듯하다. 이 단어가 우리의 사전에 새로이 등재된다. 파주 본가보다 어두운 이곳을 빛 대신 소리(우리의 타협점은 퀸 베스트앨범)로 채우던 중, 조용한 동네에 바스락거리는 소리가 들려온다. 바로 근처에 있는 이웃이 나에게 눈치를 좀 주는지도 모르겠다고, 가족들의 얼마 안 되는 화합의 시간이 못마땅할 수도 있겠다고 생각하며 볼륨을 줄인다. 요 며칠 공간을 꾸미고 소란스럽지 않게 고개를 내미는 이 모든 변화가 복에 겨운 이 시점에 타인에게 핀잔이라도 들으면 기분을 잡치는 건 시간문제니까, 철저히 나를 걱정해 하는 행동이다.

아빠가 내 월세의 반이나 되는 거금을 들여 도어록을 설치해주었다. 여기저기 해진 방충망을 손본다고 나간 걸음 그대로 돌아오지 않고 각종 장비를 잔뜩 든 늙은 아저씨와 동행해 온

것이다. 헌집을 새집으로 바꾸는 두꺼비처럼 열과 성을 다해 비질과
걸레질을 하던 엄마와 나는 아빠를 보고 마주 웃었다. "네 동생은
몰라도 너는 아빠한테 잘해야 돼."

　　또래에 비해 젊고 건강해 보이던 엄마와 아빠가 요 몇 년간
부쩍 쇠약하고 작아졌는데, 병이 들고 늙는 건 순리이겠지만
여러 가지 사고도 있었다. 예기치 않는 사고를 몇 번 겪으며, 얻은
장면 하나. 조용한 산골 도로의 '산짐승 주의' 팻말. 돌발적으로
튀어나오는 산짐승이 도시의 운전자에게 익숙할 리 없다. 운전자는
서울에서 나고 자랐으므로 이런 때에 경솔할 수밖에 없는데, 이건
성격 탓도 태도 탓도 아닌 상황적인 경솔함이다. 경솔한 운전자가
길을 지난다. 인적 드문 길을 얼른 벗어나, 뜨거운 음식이 차려진,
불이 환히 켜진 목적지로 발걸음을 재촉하는 밤. 같은 시각,
산짐승의 입장은 어떨까. 산짐승은 이따금 지나치는 자동차의
존재를 본래부터 알고 있다. 그 안에 탄 운전자의 심리와 환경적
제약에 관해서도 익히 알고 있는 산짐승이다. 그러나 이 노루는
금방 새끼를 낳은 암노루를 위해 먹을 것을 구해 와야 한다. 벌써
보금자리 근처의 먹을거리는 다 동나고 말았지만, 딸린 식구를
이끌고 근거지를 옮기기도 어렵다. 아직 새끼노루는 눈만 겨우
뜬 채 다리도 못 가누는 것이다. 그래서 그는 길을 건너기로 한다.
그러다 사고를 당한다. 충분히 주의했지만 커브길을 돌아오는
가공할 속도의 자동차를 완벽히 피하지 못한다. 다행히도 비꼈고,
큰 부상은 아니라서, 수노루는 발을 절뚝거리고 피를 흘리며

가까스로 아내와 자식이 있는 보금자리로 복귀한다. 새끼노루와 아내는 먹을거리를 보고 안도한다. 가장의 피와 상처는 늘 두 번째로 목격된다. 그리고 며칠 안 되어 가장은 회복을 하고, 그러나 확실히 며칠 전보다는 쇠약해진 몸으로 또다시 횡단을 하는 것이다.

나는 옛날부터 재미있는 것만 했다. 내가 하는 공상은 하나같이 돈 안 되는 것들이었다. 집이 가난한 편인데도 나는 입을 것 먹을 것 부족함 모르고 지냈다. 더 맛있는 것, 더 좋은 것을 먹고 입기 위해서 생산적이고 세속적이어지는 타입은 되지 못했다. 그 대신에 부모에게는 없는 꿈과 자유에 안달했다. 지금 이 순간도 조바심이 난다. 이 마음이 조금 줄고 나도 철이 들면 아버지도 수만 번의 횡단을 끝내는 날이 오려나. 그러나 어떻게 잘 안 되는 나의 마음. 나의 마음은 철저히 나를 위하여 떠들어준다. 널 알아주는 회사를 찾아야 해. 미진하다 싶으면 공부를 더 해보자. 새로운 환경은 어떨까? 이국적인 풍경이 약이 될 거야. 아버지는 실업급여를 받을 수 있어도 받는다는 일은 상상도 안 하고 못 한다("어떻게 손을 놓고 있어?"). 젊음과 무책임의 안락과 고통을 그는 통과해온 것이니만큼 익히 안다. 그래도 그는 건너는 것이다. 때로 하늘이 안 도와서 불행이 와도 그는 필사적인 의지로 비껴 맞는다. 그렇게 어제보다 약해진 그는 오늘 나의 새로운 방과 부엌에 등을 달고 있다.

아버지의 집

아버지가 최초의 집에 대해 들려준 적이 있다. 이 글을 썼던가? 어떤 생각은 하도 많이 생각되어서, 때때로 정성 들여 쓴 적 있는 글과 같이 느껴진다. 한 자 한 자 발음해 읽던 기억이 나는 것만 같다.

아버지가 기억하는 최초의 집은, 마을의 끄트머리에 있었다. 마을의 끝집은 마을과 마을 아닌 곳의 경계가 되었다. 아마도 넉넉지 못한 형편이 그와 그의 가족을 중심부에서 멀찌감치 떨어뜨렸으리라. 그러나 마을 중심에서 마지막인 집은 마을 바깥에서 보자면 첫 집이었다. 이런 역전은 달콤하다. 마지막인 것이 실은 첫 번째 것이다, 밤은 빛의 결핍이 아니라 충만한 어둠이다, 모든 어린이는 자기 생애에서 가장 연장자로 살고 있다, 반만 든 물은 증발되는 것이 아니라 차오르는 중이다 같은 것들.

마을에 처음 방문한 사람, 어디 멀리서 일을 보고 마을로 돌아온 사람에게는 첫 번째 마을이 되는 그 집 마루에는 색색가지 소식이 맨 먼저 닿았다. 사랑방이 딸리지 않은 집일지언정 그 집 전체는 충분히 사랑방이 되고도 남음이 있었다. 이런 이야기를 전래동화처럼 되뇔 수 있는 행복이 딸에게 주어진 것이다. 더불어 이 이야기를 하면서 붉어진 아버지의 눈시울은 그를 아들로 돌려놓는다. 이방인의 방문에 익숙하게 대문으로 달려나가던 소년. 마을의 어르신들을 능숙하게 맞고, 그들의 신과 외투를 똑똑하게 정리하던 소년. 아직 아버지가 되기 전의 아버지는, 오래전에 잊은 수많은 손이 그립다.

당신과 당신의 늙은 어머니

　　　　페인트를 새로 칠했는지 코가 움찔여지는 문을 당신은 퍽 시원스럽게 열어젖힌다. 귀가 어두운 노인들의 방이니, 전달되지 않는 인사를 건네는 대신 동작을 크게 하여 주목시키자는 뜻이 있었거나. 장시간 언 도로를 신경 쓰며 주행한 끝에 지친 몸에 투입하는 힘이라든지 문손잡이를 잡아당기는 악력 따위를 조절할 여력이 없었거나. 정면으로 난 창 너머로 들이비치는 해에 잠깐 눈이 부신가 싶더니, 한소끔 지나고 보니 오히려 어둑한 방이다. 당신은 성별이 사라진 노인들의 얼굴을 번갈아 본다. 지난번 동행한 내가 "남녀 구분 없이 계신 거야?"라고 물었을 때 당신은 바로 대답하지 못했고, 그 뒤로 머릿속으로만 답을 떠올려보았다. 이들은 외모도 의식도 한쪽을 가리키지 못한다.

　　　　겨우 닷새 만인데 또 얼굴들이 바뀌었다. 조금 더 의식을 차린 이, 대소변을 가리게 된 이, 감정 표현을 할 수 있게 된 이는 다른 방으로 옮아갔다. 좀 더 악화된 이, 좀 더 추위를 잘 타게 된 이, 그러나 추우니 도움을 달라고 이야기할 수 없게 된 이는 이 방으로 옮아왔다. 아무리 이동식 침대라고 해도 이만한 효율성은

비인간적이다. 그렇게 느끼는 당신의 이마 주름이 깜짝 팬다. 하지만 이런 종류의 서비스에 얼만큼이나 기대해야 옳을까. 서비스 이용자인 당신은 알지 못한다.

  어머니라는 사람의 얼굴을 내려다본다. 당신 인생 최초의 순간부터 십수 년간 올려다보았던 이 얼굴을, 당신 키가 상당히 자라서 처음 낮추어 보게 되었을 때 감개가 무거웠다. 움푹 들어간 눈, 줄어든 얼굴 근육 탓에 귀만이 두드러진 얼굴. 얼굴은 마르고 그 빛은 매번 투명해져 있다. 당신은 새까맣지 않은 동공이 제법 부지런하게 움직이는 모습을 본다. 그게 정확히 당신의 미간을 향할 때 들리는 "왔느냐……." 하는 때늦은 인사. 몇 차례 오가는 대화 속에서 당신은 문득 문을 열고 들어서던 순간들을 떠올리고, 문을 닫고 나서던 기억도 길어보지만, 선명하지 않다.

92년 장마, 종로에서

장마철. 어둑한 저녁. 서울 ××동. 옥탑 앞 평상에 걸터앉은 두 사람. 가로등과 간판불이 켜지기 시작한 거리에는, 수많은 행인과 자동차가 어지럽게 흘러간다.

"사람들 사이에 섬이 있다. 그 섬에 가고 싶다."라는 시 들어봤지? 나는 얼마 전까지만 해도 그걸 "사람은 각자 섬이다."라고 잘못 외고 있었지만. 어떻든 간에, 그럼에도, 나는, 그 섬에는 전, 혀, 가고 싶지가 않다 이거야. 하하하.

캔맥주 여는 소리.

저기 저 우산 쓰고 걸어가는 남자 있지. 구두 뒤축 안쪽으로 젖은 바짓단이 말려 들어가 있는 것도 모르고 걷는 아저씨 말야. 딱 맞지도 않는 헐거운 구두를 낡을 때까지 신은 남자가 있다. 거기 옷자락이 끼어든 것도 이 남자는 알 리가 없다. 아직은 괜찮았던 양말이 바짓단을 타고 진흙으로 물든다. 빗소리는 참을 수 없이 강렬하게 고막을 두드려대고, 제딴에 바쁜 행인들은 우산 끝으로 어깨를 찔러대기 일쑤고, 부주의하게 밟은 웅덩이에서 발원한 물줄기가 바지를, 치마를, 코트를 멋들어지게 장식한다.

    이 계절은 정말로 끔찍해. 이 계절, 이 거리, 이 풍경, 모든 게 끔찍하지만, 그나마 나 혼자였다면 이렇게까지 끔찍했을까. 애초에 그 아저씨, 바짓단이 끼어든 것쯤, 그런 불행쯤, 알면서도 포용했는지 모르지. 그런 데 일일이 예민하게 구는 거 살아가는 덴 조금도 도움 안 될 테니까.

    빗속에는 눈빛도 뭣도 없어. 가고 싶은 섬도, 가려는 의지도 없다고. 있는 건 그냥 멈출 줄도 모르는 멍청한 발 두 쪽뿐이야. 이 중에서도 한 사람쯤은 간판과 전단지를 읽고 담벼락의 낙서를 들여다보겠지. 그렇게 기대도 해보지만, 그런 사람은 한 사람도 없었어. 너도 보았듯이.

    그러고 보면 말이야,

    "그 섬에 가고 싶다."라는 건, 그렇게 말한 사람조차 그 섬 근처에도 못 갔다는 거 아니냐?

미터기는 멈추지 않는다

특별할 것 없는 코스였다. 늘 가는 체육관은 지하철로 10분 거리지만, 걷는 시간이 역 전후로 15분씩은 돼서 택시를 타면 10분 걸릴 거리를 대중교통은 50분은 잡아먹었다. 명수가 채워지지 않으면 팀 스포츠는 시작을 할 수가 없으니, 돈은 아깝지만 택시를 탄 것이다. 새벽이라 춥기도 했고, 어쩌면 샤워할 때부터 무의식적으로 여유를 부린 결과였다. 채비를 갖춰 대문을 나서니, 집 바로 앞으로 부른 택시가 골목 앞에서 꿈쩍 않고 있었다. 운전자 쪽 차창이 열리며 비죽 하얀 손이 뻗어나와, 몇 차례 흔들렸다. 골목 안쪽으로 진입하기 싫다는 내색이었다. 귀찮아서 잡은 택시가 승객을 귀찮게 해도 별수는 없다.

아주 긴 거리도 아니고, 눈이 내리거나 해가 지거나 여하간 그런 낭만적인 시간대도 아니었는데, 기사분은 어쩐지 1:1 인터뷰라도 하듯이 계속 말을 걸어왔다. "운전하면 그 사람 본성이 나온다잖아요? 그 말 참 쓸데없는 말이라고 생각 안 돼요? 운전하는 동안 이미 살고 있는 건데, 그게 리허설인 것처럼, 이건 진짜고 저건 가짜고, 이건 진짜를 보여주고, 진짜는 따로 있다는 듯이 애기하잖아." 그다지 받아칠 말은 없지만 굳이 불편한 분위기를 만들고 싶진 않아서 공감한다는 듯 소리 내어 웃었더니, 백미러 너머로 기사는 한쪽 눈까지 찡그려 보였다. 시답잖은 내용이 이어지고, 그새 목적지가 가까워져 있었다. 이제 두 개의 횡단보도만 지나면 체육관에 도착한다. 다만 그 첫째 횡단보도에서의 대기시간이 어쩐지 평소보다 길었다. 이제 다시 시동 소리가 나려는 찰나, 갑자기 내가 탄 좌석의 차문이 벌컥 열리더니 얼굴이 새빨간 행인이 좌석을 비집고 들어오려고 했다. 한 발을 집어넣고, 몸의 절반까지 집어넣고 나서야 이 남자는 "뭐야, 딴 손님이 타 있었어? 왜 빈차등이 뜨는 거요?"라고 소리를 지르며 슬쩍 발을 뺐다. 기사는 바로 출발하지 않고, 기다리던 것이 왔다는 즐거워 보이기까지 하는 표정으로, 도로로 튀어나가 행인과 씨름했다. "승객분이 뻔히 타 계신데, 눈은 어따 달고 다니는 거야!"

 실랑이가 길어졌지만, 딱히 어떻게 해야 할지 몰라서 나는 뒷좌석에 얌전히 앉아 있었다. 차량이 출발한 지 어느새 20분이 지났다. 타악! 힘껏 문을 닫으며 다시 운전석에 앉은 기사는 크게 숨을 들이마시더니 말했다. "저런, 많이 놀라셨죠? 금방 도착할 테니 걱정 붙들어매요." 자못 영웅적인 톤이었다.

 이미 늦어버린 운동시간. 더 서두를 것 없이 천천히 발을 옮긴다. 문득 열어본 핸드폰에는 아직 운행 중이라는 안내문이 떠 있다. "열심히 달려가고 있습니다. 곧 목적지에 도착합니다." 미터기는 여전히 올라가고 있었다. 5분간의 실랑이 때와 마찬가지로.

끈

　　　　로베르 브레송은 자기 영화를 특히 사랑해준 일본 사람들을
"매듭을 만들 줄 아는 뱃사람"이고 언급하면서 호감을 표현했다.
물론 일본인 전부는 아닐 테지만, 우리 출판사에서 냈던 하와이
사는 일본계 미국인도 전통 매듭 묶는 시퀀스를 컷별로 정성스레
그릴 정도니 틀려먹은 소린 아닐 것이다. 매듭을 만들 줄 아는
사람이라⋯⋯
　　　　농구를 하다 보면 누가 고꾸라지거나 넘어져도
경기가 그대로 진행되는 경우가 많은데(대다수는 "괜찮아요,
진행해요."라는 목소리를 뒤통수로 들으며 달려간다.) 누가
다치지도 않고 시비가 붙지도 않고 파울이 불리지도 않은 상황에서
문득 모든 사람이 멈추게 되는 유일한 경우가, 누구의 신발끈이
풀렸거나 풀리기 직전에 고쳐 묶을 때가 아닌가 싶다. 우리가 원할
때까지(그러니까 경기가 끝나고 일반화로 갈아신을 때까지) 풀리지
않아야 하는 신발끈이 도중에 풀리면, 코트 위의 사람들이 멈추고
한 사람이 끈 묶는 장면을 바라본다. 죽을 듯이 목이 말라서 경기
도중에 목을 채운다거나 배탈이 나서 화장실로 달려간다거나 하는

장면은 단 한 번도 보지 못했다. 어째서 신발끈에만큼은 이렇게까지 관대한 것일까?

　　　신발끈이라고 구글에 검색하면 "신발끈 묶는 방법, 안 풀리게 묶는 방법"이 연관검색어로 나온다. 안 풀리는 게 중요한 건가? 어려워서 중요해진 건가? 어떻게 묶더라도 결국에는 풀린다고 블로거들은 이구동성이다. 2017년 버클리 대학에서는 신발끈이 풀리는 것이 도보 시 관여하는 힘들의 복합적인 상호작용임을, 신발끈이 풀리지 않게 할 수는 없다는 사실을 밝혔다. 신기지 않은 신발의 끈은 풀리지 않지만, 신긴 신발의 끈은 풀린다는 진리를! 움직이는 발에 신긴 신발의 끈은 풀린다. 신발끈이 풀리거나 풀릴 위기에 있는 사람은 그간의 '움직임'을 증명할 수 있다. 그러기에 모든 플레이어들이 기꺼이 기다려주는 것일까.

우리들은 즐겁다

여기 네 사람이 뛰어온다. 단단한 가죽공을 튕기며. 넷은 신축성 좋아 보이는 줄무늬 옷들을 입었다. 두 사람씩 외모가 비슷해서 우리는 좀 헷갈린다. 한 장면이지만 두 가지의 시간이 담기지는 않았는지, 홈통이 없는 만화처럼 우리 눈이 잔상을 지우는 일을 게을리하지는 않았는지 하고. 그런데 다시 보니 네 사람의 양말이 제각각이다. 나무는 가을빛으로 물들었고, 촉촉한 땅 위에 자라난 아름드리 나무들은 건조하나마 채도 높은 잎사귀들을 뽐내며 바스락댄다. 단단한 가죽공이 잎사귀 사이를 지나갈 때, 우리의 모든 감각기관은 기쁨으로 비명 지른다.

관절은 부드럽고, 이들을 잡아당기는 중력은 친근하다. 하늘 쪽으로 말려올라간 콧수염. 광대 쪽으로 축 처진 숱 많은 눈썹. 닮은 눈썹과 수염을 가진 이들 중 어느 쪽이 더 볼만하다고는 시대와 장소만이 말할 수 있으리라. 밑창이 대어져 있지 않아 마음대로 휘어지는 얇은 가죽부츠를 두르고 뛰는, 이들은 즐겁다. 촉촉한 땅 덕분에.

어느 바텐더의 춤

문이 열린다. 새로운 손님이 들어온다. 한 명. 아니 둘이다. 문이 닫히기 전에 한 명이 더 들어왔다. 일행이겠지? 둘은 빈 자리에 앉는다. 거기가 꼭 저들 자리라는 확신이 없어서 의자 등받이를 괜히 만지작거린다.
　　　하지만 당신들 알고 있잖아? 어느 의자든 일단 당겨 앉고 나면, 그 자리는 당신들의 자리가 될 거라는 거. 뭐든 내어줄 요량으로 나는 당신들에게 문을 열어놓았다는 거. 그래서 당신들은 초대받지도, 예약하지도, 공손하게 인사하지도, 통성명을 하지도 않았지만, 그런 건 전혀 문제 되지 않는다고. 나는 자부하는 칵테일을 만들어줄 거고, 당신들은 여기가 여기가 되기 전의 상황을 금세 잊어버릴 거야. 술기운이라고 생각하겠지. 그러나 그건 술기운만은 아니고, 사실 취하는 쪽 역시 그쪽이 아니라 이쪽이 더해. 내가 취할 수 있는 건 순전히 당신들 덕이야. 당신이 술을 사줘서가 아니고, 그저 와준 덕분에. 당신이 와주어서 음악이 울리고 빈자리가 채워지고 내 팔과 다리가 신나게 움직여진다니까.

책이끼

책에는 이끼가 산답니다. 습한 데 사는 그 이끼 맞냐고요? 맞습니다. 책이끼는 책의 습기를 좋아하는 식물이에요. 그렇담 책의 습기란 무엇이냐, 이제부터 책이끼가 축축하고 서늘하다고 느끼는 환경을 설명해드리죠. 꼭 어둡고 비가 지겹도록 내리는 곳은 아니니 겁부터 집어먹지 않기를. 책이끼는 밝은 곳, 그야말로 눈부시게 밝은 곳도 좋아하거든요. 사람 손이 닿지 않은 지 수년, 수십 년 된 양지바른 책꽂이 전면이라면, 푹 젖은 빨래도 반나절 만에 잘 마를 그곳에 책이끼는 뿌리내려 잘만 자란답니다.

이런 시시껄렁한 이야길 지어낸 이유가 뭐냐고요? 당신도 언젠가 분명 두 눈으로 보았던 걸 잊은 걸 테지, 저는 그런 생각이 드는데요. 마저 잇자면, 책이끼라는 놈에게는 주인을 흉내 내는 재주가 있답니다. 닮는 저주라고 해야 할까. 포뇨처럼 얼굴 가진 정도는 아니어도, 제주인이 자주 입던 옷, 주인이 습관처럼 들이켜던 음료, 주인이 하루에도 몇 번씩 꺼내들고 못살게 굴던 플라스틱 칫솔 빛깔을 책이끼는 고대로 옮아요. 손이 닿지 않아 생기는 게 이끼라더니, 주인을 제깟게 언제 두어봤겠느냐고요? 물론 주인이 자주 갈린 책은 책이끼가 자랄 틈도 없지요. 하지만 개중에는 오랜 시간을 두고 주인이 바뀌었음에도 꽤 많은 주인의 손을 스치며 그 손들을 아직도 차곡차곡 기억하는 이끼가 있습니다. 당연하게도 한껏 얼룩덜룩한 놈들이지요. 곰팡이처럼 보이는 이것이요, 이것이 그렇게 많은 손들을 탄 녀석이라니까요. 가까이서 좀 보세요. 묘하죠? 재밌는 건 주인이 없은 지 벌써 까마득하게 오랜 책, 주인의 자취를 잊은 책의 이끼는 투명해진단 겁니다.

투명하고 유연하고 연약해 뵈는 놈들이, 생명력은 얼마나 끈질긴지요. 어린 이끼는 꼬마애가 실수로 책을 떨구기만 해도 그 자리에서 죽고 말지만, 한없이 투명해서 자세히 들여다보지 않고선 지나칠 수밖에 없는 이 정도 되는 이끼는 말예요, 이렇게나 여러 사람이 눈길을 쏘아대도, 손끝만 직접 닿지 않음 여기 이 쪽번호에, 저기 저 글줄에 흔들림 없이 착 붙어 있다니까요. 이쯤 되면 당신 닮은 책이끼가 존재는 하는지, 있다면 어떤 생김일지 궁금해진다고요? 아직 만난 적도 없는 그 이끼가 벌써 애잔하다고요? 뭔가 기억이 날 것도 같다고요? 책장에 묻은 투명 매니큐어 자국을 한 번도 아니고 몇 번이나 봤단 말이죠? 그렇담 여기서 이럴 게 아니라 어서 귀가하지 그래요. 그 정도로 투명하게 반짝이는 이끼였담, 아직 숨이 붙어 있을 거니까.

영영 잃기

오래전에 아이패드를 잃어버렸다. 그보다 오래전에 아이패드를 샀을 것이다. 그때는 내가 아는 어떤 편집자도 '제 돈으로' 아이패드를 사서 그 위에서 교정을 보거나 그렇게 교정 본 파일을 익숙지 않은 동료들에게 전송하지 않았었다. 나는 내 멋대로 새것을 들여서 다른 사람들도 거기 적응시켰다. 물론 다른 사람들 역시 그것을 완전한 대체품으로 받아들인 것이 아니었다. 그저 '이 사람과 일할 때에 한정' 정도의 부분적 수용이었다. 그것으로 충분했다. 계속해서 충분했다. 찢어지고 없어지고 잃어지고 구겨지고 오염되는 종이가 아니라 파일인 게 좋았다. 우리가 결국 만드는 것은 그렇게 만져지는 취약한 것이지만, 그 취약한 것에 담는 것은 오래가는 생명이라고 생각하는 마음이 한켠에는 항상 있던 것이다.

그러다 잃어버린 것이다. 갑작스러운 손님이 예고 없이 스튜디오에 찾아온댔고, 거긴 비어 있었고, 어서 주인의 몸을 준비해서 그를 환대하러 급히 가야 했다. 따릉이 바구니에 아이패드를 집어넣은 채로. 그를 잘 맞았고, 그와 잘 헤어졌고,

그날은 아이패드 빼고는 아무것도 더 잃지 않았지만, 얻은 것도 없었다. 이후로 그를 만난 적이 없고, 우리는 선이 아니라 점으로 남았기 때문이다.

  조금 덜 오래전에 나는 아이패드를 찾았다. 그치만 웬걸. 누구의 손을 탄 그 기기는 더는 내 것 같지 않았다. 비물질을 담은 매체 역시 물질이었기 때문이다. 새로 생긴 흠집을 감지할 정도로 아끼고 기억하는 물질은 아니었을지언정, 물질을 기록하는 정신이 그 물질의 '변화'를 그냥 넘길 리 없던 것이다. 그것을 찾기 전에, 아주 현실적인 이유로 새 아이패드를 들여 나는 하던 작업을 처음부터 새로 시작하고, 의뢰인에게 작업물을 무사히 넘겼지만. 그래서 이번의 '새것'은 온전히 내 것이라 여기고 새로 출발을 한 셈이었지만, 어쩐지 내 정신은 보수적으로 굴며 이것을 이물질 취급했다. 그렇게 도무지 지금의 아이패드에는 정이 가지 않고, 교정을 볼 때면(내 손의 연장임에 의문의 여지가 없지만) 예전만큼 즐겁지 못하다. 교정 일이 내 일의 대부분에서 꽤 사소한 부분으로 전락한 것은, 정녕 여기 쓴 일련의 사건 때문일까.

우리는 함께 살을 찾게 될 것이다

잘 모르겠는 글을 책임감을 가지고 읽고 있다. 본인이 기획해놓고서 '잘 모르겠는'이라고 수식하다니 무책임하지만, 본인이 기획하고 번역을 청탁하고 그 결과물을 수령했다고 해서 '척 봐도 알겠는'이라고 말할 만큼 뻔뻔하지 못하다. 그리하여 무책임을 '책임감을 가지고' 다루기로 마음먹은 것이다.

　　　물론 책임감이 꼭 맞는 표현은 아니다. 다만 영 모르겠는 글, 갈피 못 잡겠는 마음, 결코 안다고 할 수 없는 사람을, 적어도 어떤 노력을 통과하면서 조금 더 알게 되고, 운이 따라주어 드물게 정통하게 된 몇몇 기억이 있다. 나는 그것들에 기댈 수 있다. 그것들은 곧 나에 대한 믿음, 나아가 인간에 대한 믿음이기도 하다. 인산에 대한 두터운 신뢰로, 이직 잘 모르겠는 글을 편집할 용기가 생겼고, 그 여러해살이풀은 몇 가지 아주 고약한 사건을 겪고도 뿌리 뽑히지 않은 것이다.

　　　그렇게 오늘 잘 모르겠는 글을 교정 보다가 "그러나 골격만으로도 충분히 가치가 있다. 그것은 우리가 어떤 삶을 찾아야 할지를 알려주기 때문이다."라는 문장을 수확한다.

눈으로 볼 때까지만 해도 평범했던 흰 종이의 까만 점들은 지금 이 순간 나의 손으로 다시 써지고 나의 눈으로 다시 깜박여지면서 나의 기억으로 편입될 준비를 한다. 그 어떤 생명체라도 자신의 꼬리로 기꺼이 달 만한 문장. 이러한 긍정성은 쓰는 이를 보조해주다가 읽는 이에게까지 도달할 것이다.

이 표현이 '그러나' 다음에 오는 구성도 좋다. '그럼에도'만큼 극적이지는 않지만, 앞에는 분명 고통이, 적어도 불편이 자리했다. 그랬지만, 뼈만 남았지만, 뼈뿐이지만, 그래도 충분하다. 가치를 찾을 수 있는 사람이 있기 때문에. 게다가 그는 혼자가 아니다. 방금 전까지도 '우리'가 아니었던 나, 글쓴이가 글을 쓸 때 알 리 없던 나는 기꺼이 '우리'가 되어 함께하고 싶어진다.

우리는 함께 살을 찾게 될 것이다.

라일락 와인

......made wine from the lilac tree...... put my heart in its recipe
I think more than I want to think...... do things...... never should do
......drink much more than I ought to drink......

들리는 부분만 가사를 듣고 마음대로 그려본다. 와인으로 만들기 힘든 것으로 와인을 만드는 사람이 있다. 그 사람은 누구나 될 수 있을 것이고, 특히 이 글에서는 내가 될 수 있을 것이다.

내가 생각하고 싶은 것보다 더 많이 생각해요.
내가 마시기로 돼 있는 것보다 더 많이 마셔요.

이때 나는 내 뜻이며 힘으로, 나를 이끌어 가는 것이 힘든 일인 것을 생각하고, 이것들보다 더 크고, 높은 것이 있어서, 나를 마음대로 굴려 가는 것을 생각하는 것인데⋯⋯

어린 시절 읽은 시는 스스로의 몇 줄을 가슴속 혹은 머릿속 그것도 아니면 공기 중 어딘가에 숨겨서, 그걸 읽은 시절의 가슴과 머리와 공기는 모두 다 지나버리고 말았어도, 아무리 혼자여도 혼자일 수 없다는 그때의 깨달음을 새로 준다.

이런 저녁에는 화로를 더욱 다가끼며, 무릎을 꿇어보며, 자기가 본 적이 없는 나무, 드물도록 굳고 정한 나무, 그래서 더 자기의 나무이던 나무를 생각하는 시인을 지금 만난 듯이 본다. 본 적 없는 그의 들은 적 없는 목소리, 그래서 더욱더 내 식대로 느끼는 것이 가능하던. 지금 편집하고 있는 책에는 이런 문구가 있다.

나에겐 그렇게 믿겠다는 의지가 있었어요.

마땅히 믿을 수 있어서 믿은 것이 아니라는 의심을 부르는, 그러나 제 의지 바깥 그 어떤 것에도 굴려 가지 않았음을 증언하는, 그래서 누군가를 화나게 하고, 그 자신을 화형에 처한, 신화이자 전설이기 전에 실재하던 한 소녀의 말이.

정체와 행로

책은 한자로 冊이라고 쓰고, 사전에서는 일정한 목적에
맞추어 감정, 지시 따위를 적거나 인쇄하여 묶어놓은 것이라고
설명된다. 여러 겹을 겹쳐놓은 묵직한 모양을 물리적으로
탈피하되, 감정과 지식을 완결성 있게 엮는다는 정성적인 정의를
보존함으로써 기존과 같고도 다른 책을 만들고 싶었다. 한 장의
포스터나 아코디언처럼 접힌 리플릿같이 작고 가벼운 책을 내세워
한 쪽도 책이 될 수 있다고 말한 것이 출판사의 시작이다.

처음에는 내가 이름을 지었지만, 언젠가부터 이름이 나를
짓는다. 쪽이라는 한 글자 낱말로 오래 불리고 불리다 보니, 쪽에
대한 공상을 습관처럼 한다. 우리가 만드는 것은 이야기나 감정이
아니고 꼭 이런 방식으로 감각되는 직육면체 물건이다. 전자가
중요했다면 영화를 만들거나 노래를 만들 수도 있었을 텐데, 우리가
매일 하는 고민은 종이와 무게에 관한 것이기 때문이다. 책이라는
물성을 가진 물체를 만날 때 맨 먼저 맞닥뜨리는 요소는 무엇일까.
책표지가 있고, 책등이 있고 책배가 있고 가름끈이 있고…… 또……

그러나 한 권의 책을 읽고 있다고 말할 때 우리는 늘 펼쳐진

쪽을 이야기한다. 하나였다가 쪼개지고 펼쳐진 어떤 면적이, 우리가 마주하는 것이 되고 향하는 것이 된다. 그러니 쪽만큼 우리의 정체와 행로를 밝혀주는 말도 없지 않을까.

먼지의 행복

먼지가 빛을 받는다. 흔치 않은 스포트라이트. 가볍고 반짝이는 것은 여지없이 우아한 법. 이때 먼지는 생각한다.

    붉은 펠트모자 위
    윤기 나는 속눈썹 위
    잘 마른 빨래 위
    오래된 필름카메라의 렌즈 위
    지금 막 칠해진 손톱 위
    향긋한 커피원두 위
    언제나 사랑받는 호접란 위
    오래도록 읽히는 가죽장정의 책머리 위
    다섯 차례나 그래미를 수상한 음악가의 LP 위
    어디가 마땅할까, 이 내가 앉을 왕좌로는

이때 먼지는 행복했다. 구름이 해를 가리는 순간이 올지도 모른다. 그러지 않더라도 해는 움직여 떨어질 것이다. 달은

해만큼은 먼지를 아름답게 보조해주지 못할지도 모른다. 그렇다고 해도 이때 먼지는 행복했다.

모리의 언어에 대한 감각

1

　멀리서 손을 치켜든 손님 하나가 보인다. 이쪽에서도 알아보았노라고 경례 표시를 해 보였지만, 보지 못했는지 이제는 양팔을 휘두르고 있다. 역이나 쇼핑센터와는 제법 거리가 있는 곳이라 손님 잡기는 기대도 못 했던 택시기사 마에다에게는 달가운 신호였지만, 차가 가까워질수록 수집되는 손님 외양의 정보들이 어쩐지 경계되었다. 마에다를 부른 남자는, 꼭 빌려 입은 것마냥 양복 어깨선이 맞지 않았고, 머리카락은 1센티미터도 채 되지 않게 바싹 깎여 있어서, 마실이라도 나가는 야쿠자 모양새였다. 빈 차 표시등을 켜지도 않은 차를 불러 세우는 걸 보면 외국인인가 싶다가도, 아무렴 뭐 어떠냐, 표시등을 미처 켜지 못한 것은 내 불찰인데 하는 생각으로 마에다는 결국 서비스정신을 다잡고 남자 앞에 차를 대었다. 포장이 깔끔하지 않은 도로에서 옅은 흙먼지가 일자, 남자는 바지 밑단 부근을 대충 털고서 차에 올라탔다. 남자는 영어와 일어를 섞어 인사했으므로, 외국인이리라는 마에다의 짐작이 맞았는데, 그가 자동으로 열리는 차문을 잡아당기지 않은

것은 천만다행이었다. 자동으로 여닫히는 차문을 억지로 열거나
닫아서 망가뜨린 외국인 손님이 벌써 넷이었던 것이다.
　　뒷좌석에 올라탄 남자는 멀찍이서 보던 것보다도 체격이
다부지고 온통 직선적인 인상이었다. 몸을 쓰는 사람이 분명했다.
　　"여기엔 관광차 오신 건가요?"
　　의외로 여기 이어지는 대답의 발음은 나쁘지 않았고,
목적지를 포함한 몇 가지 정보를 무리 없이 전달했기에, 운전수는
안심이 되었다. 남자는 태권도라고 하는 한국의 격투기 시범을
보이고자 오키나와를 찾았는데 이번이 그의 첫 방문이었다. 초청을
한 오키나와 관계자가, 오키나와에서는 운전할 생각도 대중교통
이용할 생각도 말고 택시를 타라고 신신당부한 터라, 공항에서부터
택시를 얻어 가까운 해변부터 들러 분위기를 낸 참이라고 했다.
대충 바다에 발만 담그려던 것이 본격적인 헤엄 가까워졌는데,
트렁크를 열어보니 도복과 행사에서 입으려고 챙겨온 정장밖에
없어서 그나마 남의 눈에 평범하게 비칠 요량으로 정장을 택했다고,
그는 해명했다. 그러면서 그전에도 오사카와 도쿄에는 와봤지만
오키나와만 한 이국은 처음이라고, 아예 별세계만 같다고, 그는
상찬이라도 하듯이 오키나와에 대한 평을 덧붙였다.
　　'애초에 다른 나라라고.'
　　마에다는 생각만 하고 내뱉지는 않았다. 어느덧 목적지인
오키나와 현민회관에 도착했다. 요금을 안내받은 남자는
오키나와의 택시비가 한국보다도 저렴하다며 미소 짓더니

거스름돈은 팁으로 드리마 했다. 마에다는 이에 고개를 숙여 감사 인사를 했다. 남자 역시 목례로 답하며 내린 것까지는 좋았는데, 자동으로 닫히는 차문을 이번에는 그 억센 팔에 힘을 실어 닫는 것이 아닌가. 고작 이 정도의 팁을 내고 기계를 망가뜨릴 셈인가, 몸만 쓸 줄 아는 놈이란 쯔쯔. 제가 한 일을 인지도 못 했는지 사과는커녕 별 기색도 없이 뒤돌아 입구를 눈으로 찾는 남자를 뒤로하고 마에다는 엑셀을 지르밟았다.

    태권도라…… 마에다의 딸 모리가 지지난해와 지난해 각각 보내주었던 사진이 그 격투기를 배운다며 찍었다는 것이었다, 참. 급수라든가 단수가 올라갈 때마다 색이 바뀐다며 허리에 맨 띠를 양손으로 집고 한껏 웃는 모습에는 설렘도 활기도 있었지만, 아버지의 눈에는 색이 다른 두 개의 띠가 자식의 분투를 말해주는 것 같아서 안쓰럽기만 했다. 그런 데다가 몇 개의 혹은 몇십 개의 띠가 남아 있을지 몰랐다. 모리가 딴 것보다는 따지 못한 것이 많을 것이다. 따지 못한 띠 중에는 딸 것과 영영 따지 못할 것이 있을 테고……

    아장아장 걷기 시작한 때부터 모리는 그야말로 낱말 외우는 재주가 비상했고, 10대에는 2~3년마다 진지하게 외국어를 독파해가더니, 지금에 이르러서는 4개 국어를 구사하는 인재가 되어 있었다. 대학을 외국에서 다닌다고 했을 때부터 따로 지낸 햇수가 올해로 두 자릿수를 맞는다. 모리가 구사하는 언어는 일어, 중국어, 한국어, 영어지만 영어는 중개어 정도일 뿐, 모리가 직접 발을 딛고 생활하고자 하는 곳은 중국과 한국이었다. 언어 실력이 수준급이라 머리 색까지 같은 동아시아에서는 외국인인 줄도 모른다는 것이 모리의 설명이었다.

그렇다면? 마에다는 의문도 들었다. 외국인인 줄도 모르는, 피부와 머리 색 같은 이들과 섞여 지내는 걸로 충분하다면? 어째서 그들 부부의 곁에서 그렇게 지낼 수는 없는가. 어째서 모국이 아니라 외국이어야 하는가. 이 역시 마에다는 생각만 하고 내뱉지는 않았었다. 아마도 색이 다른 띠를 맨 모리의 사진을 몇 개 더 받고 나면 이 생각이 말로 옮겨지는 날도 오려나, 마에다는 생각에 잠겼다.

그가 모는 깨끗하고 낡은 택시의 보닛 위로 쾌청한 오키나와의 하늘이 흐르고 있었다.

2

"왜 이렇게 사람 말을 못 알아들어?"

초이의 핑거스냅은 이제 기분 나쁘기보다는 유용하다고, 모리는 생각했다. 중지와 엄지 끝을 지문까지 맞출 정도로 공들여 밀착한 다음, 약간의 힘을 주어 엄지를 비껴 올리면, 누구라도 손쉽게 듣기 좋은 소리를 낼 수 있다. 경쾌한 소리를 내는 것은 그만큼 쉽다. 어려운 것은 그렇게 만들어진 경쾌에 적의를 담는 일이다. 세상에는 단순한 손짓으로는 조성할 수 없는 것이 있고, 그러므로 '손어렵게' 같은 말은 생겨나지 않았다. 교묘한 공격을 마친 초이는 득의만면한 미소를 담아 모리를 쳐다보았지만, 모리는 아무렇지 않았다.

타격감이 좋지 않은 고문관, 그것이 이 회사에 있어서 모리가 지닌 위상이었다. 킥오프 미팅 때면 가장 이해도가 높아 보이는 모리가 결과물이랍시고 가져온 것의 퀄리티를 볼 때마다 초이는 경악했다. 지난 보름간만 해도 새로 오픈하는 리조트의 로비를 위한 팝업을 준비하는 이들 팀에서 모리가 맡은 역할은 '힐링'과

'젠' 같은 키워드를 표방하는 최근 10년간의 숙박문화에서 놓친 휴식과 체험의 본질을 정리하여 보고하는 것이었는데, 모리는 가까운 절을 찾고 호텔의 패키지 몇 개를 회사 경비로 체험하는 데만 꼬박 열흘을 보냈다. 그러고는 결국 평화로운 내면은 수용자가 이미 준비했어야 하는 사전적인 조건이며, 리조트에 와서가 아니라 리조트에 오기 전, 즉 통제 불가능한 영역까지 우리가 관장하는 것이 문제를 해결할 유일한 열쇠이지만, 현시점에서는 그 열쇠가 보이지 않는다는 선문답 같은 리포트를 마치고, 다른 팀 팀원들마저 벙찌게 만들었다. 조금씩 높아지는 초이의 톤은 아랑곳 않는 듯 이 순간도 모리의 눈은 감겨 있었다. 제 안의 선(禪)에라도 잠긴 듯이.

　　사실 모리는 명상 따위를 하고 있는 것이 아니었다. 공격이란 일종의 신호고, 신호는 정보를 실어나른다. 아직은 아니야, 지금이면 깨어나도 되겠어 하는 식으로 가늠하는 것이 모리의 의도된 버릇이었다. 한층 선명해진 핑거스냅이 두 차례 더 울리고, 최면에서 깨어나듯 모리는 눈을 비볐다.

　　"오늘은 보이는 데 앉아서 일해. 도무지 어디 숨어 있는지 알 길이 없잖아. 메신저에 접속상태로 있는 것도 잊지 말고. 모리! 알았지? 눈이라도 제대로 떠라!"

　　"으응. 초이. 큰 소리로 말 안 해도 알아들어."

　　뒷걸음질 치듯 모리는 자리에서 일어났지만, 회의실을 나가는 문손잡이를 먼저 쥔 것은 초이였다. 초이가 그럴 수 있던 것은 긴 팔도 빠른 순발력도 아닌 발이었다. 초이의 발은 빠르기로 정평이 나 있었다. 알맞은 조치를 신속히 취할 줄 알고, 리스크를 줄일 줄 알고, 문 열기 좋은 최적의 포즈를 만들 줄 아는 발 빠른 초이 입장에서는 발이 굼뜬 모리가 답답스러운 게 당연했다. 그러나 그토록 뛰어난 초이의 위생학적인 발 컨디션은 엉망이었다. 목 짧은 양말 위로 제대로 관리되지 않아 각질이 잔뜩 일어난 발뒤꿈치가 어지러웠다. 가만 섰는 모리가 또 한번 답답스러워진 초이는 말했다. "팔 떨어지겠어."

    모리는 PR 업계에 발을 들인 지 이제 3년차인 신입급 직원이고, 초이는 8년차 직장인인 데다가 아직 창립 한 자릿수인 이곳이 첫 직장이었으므로 여기 내린 뿌리가 제법 단단하다 말할 수 있었다. 그런 둘이지만 평어를 쓰기로 하는 사내문화를 따라 둘 사이에는 존대도 직함도 따로 없다. 닉네임으로 서로를 부르게 돼 있는 회사에서, 한 사람은 제 성대로 한 사람은 제 이름대로 불리기로 한 것이었다. 모리는 회사 사람 외의 사람이 더 많이 드나드는 공유 오피스의 풍경이 싫지 않았다. 커다란 창을 마주 보는 푹신한 1인 소파에 몸을 파묻은 모리는 딱 1분만, 집중할 대상을 찾을 요량으로 정면의 남산타워를 바라보았다.

    "목 마르면 시음해보실래요? 에너지 음룐데 맛이 꽤 청량해요."

    소리가 들린 오른쪽으로 모리가 고개를 돌렸을 때는, 목소리의 주인인 라운지 스태프가 모리 왼쪽의 1인 소파에 나란히 몸을 파묻은 후였다. 둘 사이에 놓인 원목테이블에 주홍빛 음료가 담긴 유리잔이 놓이며 물기가 번졌다. "이렇게 이벤트하면서 숨 돌리는 거, 꿀이거든요."

눈꺼풀까지 내리깐 그의 가슴에는 Choi라 적힌 명찰이 달려 있었다.

"초이······?"

자신도 모르게 그 명찰을 읽던 모리는, 등을 조금 세웠다. "감사합니다. 설문해야 해요?"

"해주면 감사한데 급할 건 없어요. 진짜로 에너지 생기면, 그때요."라는 게 뉴 초이의 대답이었다.

3

다음 날은 공휴일이었다. 자정 되지 않아서 잠들었고 오후 2시 다 되어 일어났으니, 모리는 그야말로 늘어지게 잤다. 원체 잠이 많은 체질이었지만 정오를 넘긴 것도, 도중에 물 한 잔, 화장실 한 번 들르는 일 없이 열몇 시간을 내리 잔 것도, 언제가 마지막인지 꼽지 못할 만큼 오랜만이라 뿌듯하기까지 했다. '몸도 생존하기 위해 나름의 프로그램을 돌리는 거야.' 헝클어진 머리를 대충 귀 뒤로 빗어넘기고 바지춤을 치켜 올리고 핸드폰이 올려진 화장대에 이르기까지, 모리는 자신의 몸과 그 속에 내장된 프로그램의 존재를 참으로 기특해했다. 아무리 고돼도 한 발이 앞으로 가고 다른 발이 그보다 좀 더 앞으로 가면 그만이다. 그러면 목적지에 닿게 된다. 얼마나 멀리 있는 목적지에라도, 그저 한 발과 다른 발이 있다면…… 그렇게 결코 멀다고 할 수 없는 핸드폰 표면에, 모리의 손은 닿았다.

액정이 밝아지며 "초이로부터의 부재중 전화 13건"이라는 알림이 출력되었다. 모리는 고개를 좌우로 저으며 잠금버튼을 밀어 화면을 깨웠다. "지금 어디야?"라는 초이의 53분 전 메시지가 최근 것이었다. 설마⋯⋯ 모리는 캘린더를 뒤졌다. 분명 빨간색으로 "어버이날, 대한민국의 공휴일"이라고 적혀 있다. 혹시 몰라 포털 사이트에 가서 한번 더 검색해본 모리는 아연실색했다. '어버이날'이 검정색이다. 대한민국의 어버이날은 빨간 날이 아니었다! 화장대 깊숙이 들어가 있는 스툴을 꺼낼 힘도 없어서 모리는 바닥에 주저앉고 말았다. 서랍에 등을 기대고 습관처럼 눈을 감은 모리에게, 아주 좋다고는 할 수 없는 아이디어가 하나 떠올랐다.

　　모리가 발걸음 한 곳은 북악산 끄트머리였다. 서울시에서 빌려주는 자전거를 타고 꾀 부리지 않고 달린 끝에 35분 만에 도착했는데, 대중교통으로는 57분이 걸린다고 검색되는 곳이니 시간을 번 셈이었다. 병원이라기보다는 의원에 가까워 뵈는 조그만 건물의 앞마당에는 잘 관리된 잔디가 펼쳐져 있어서, 처음 발 들이는 사람의 마음을 누그러뜨렸다. 언젠가 초이가 비아냥조로 "상담이라도 받아봐."라며 메신저로 날린 두 곳 링크 중 비교적 교통이 불편한 곳을 고른 데는, 이게 처음이자 마지막 방문이리라는 확신이 작용했을 것이다. 처방전을 받아 늦잠을 병가로 탈바꿈하려는 것이 모리의 전략이었다. 응급상황까지는 아니어도 심각성이 증명된다면, 까짓 달력 글자의 색상이 문제가 될까. 그런 데다 신경정신과의 것이라면 초이의 죄의식을 자극할 수 있을 테니⋯⋯.

　　건물 전면부의 오른쪽에 출입구가 있다고 안내되어 잔디

사이사이로 놓인 징검돌을 밟아나가는 모리의 앞에 익숙한 실루엣이 비쳤다. 진료를 마친 환자 혹은 의료진의 것일 실루엣은 빠르게 선명해지더니 곧 정체를 밝혔다. 뉴 초이였다.

"어? 우리 구면이죠?" 환자라면, 환자다움과는 거리가 먼 생기 넘치는 목소리로 뉴 초이는 인사했다.

"네, 여기는 어쩐 일이에요?"

"제가 다니는 병원이에요. 집도 가깝고 좋아서…… 저기 3층집 주황색 지붕 보여요? 바로 저기 살거든요."

"그렇군요? 저도 상담을 받아보려고요." 하고 가벼운 목례와 함께 몸을 돌려 다음 돌을 밟으려는데 뉴 초이가 한 발 물러서며, 둘 사이의 거리는 방금 전과 같아졌다.

"아? 어렵겠는데요. 곧 진료마감이라…… 초진이면 이것저것 검사하는 데만 두 시간은 걸려요."

아차, 모리가 올라선 돌 앞에는 아직 대여섯 개의 돌이 더 박혀 있었다. 금방일 줄 알았는데 금방이 아니었고, 묘로 믿은 계획은 수포로 돌아갔다. 또다시 모리의 눈이 감겼다.

"……너무 낙담은 말고요, 혹시 이 근처에서 매주 한잔 안 할래요? 오피스 생활도 통원 생활도 제가 먼저니까 오리엔테이션 받는다 생각하고."

근처 펍에서 모리가 들은 얘기는 예상밖의 주제였다. 무려 올드 초이에 관한 것이었기 때문이다. 뉴 초이에게 이 병원을 소개해준 사람은 먼 친척으로, 성인이 되고서는 자주 보지 못했지만 뉴 초이가 근무하는 공유오피스에 최근 입주하며 가까워진 인물로, 그 역시 이 병원에서 오랜 치료를 받아왔다고 한다. 그것이 바로 떠올리기도 끔찍한 뒤꿈치의 주인공이던 것이다.

"두 분 안 닮았는데요."

"제 눈에도 전혀요! 근데 요즘 직장에서 같은 이름을 쓰잖아요. 이상하게 가깝게 느껴지더라고요."

4

모리의 계획은 실패했지만, 다음 날부터는 주말이었고 새로운 꾀를 낼 여유는 충분한 것처럼 보였다. 밀키트를 요리하기도 귀찮아서, 모리는 진득한 음료를 몇 팩 마시고 하루 종일 누워서 쇼츠를 봤다. 나르시시스트, 가스라이팅 관련 콘텐츠를 보며 초이에 대한 이해를 높였고, ADHD, 번아웃, 자기효능감 같은 키워드를 검색하며 본인의 상태 역시 점검했다. 콘텐츠를 보면 볼수록(모든 콘텐츠는 "지금 이 영상을 보고 있는 분들은, 문제가 없어요. 이런 걸 찾아보고 자신을 반성하는 사람들이잖아요. 사실 이 영상을 봐야 할 사람들은 당신들을 괴롭힌 작자들인데, 그 작자들을 제가 바로 만날 수 없다는 게 함정이죠."라는 식의, 약속이나 한 듯 비슷한 방백이었다.) 상담이 필요한 것은 본인이 아니라 초이라는 확신이 들었고, 그러나 뉴 초이의 말대로라면 올드 초이는 이미 상당한 기간 동안 상담을 거쳤으니 지금이 그나마 나아진 상태이거나 그 의원급 병원의 의사 실력이 믿을 만하지 못하거나였다. 병원이 도움된다면 그것은 병가를 위한 증거로서지 자신의 내면을 위해서는 아니라고,

모리는 잠정적으로 확신했다. 그리하여 기운이 없는 몸을 끌고서 다음 날 새로운 해가 떴을 때 모리가 향한 곳은 병원이 아니라 도장이었다. 사운드 마인드는 사운드 보디에 깃드는 법.

     모리가 다니는 태권도장은 아주 낡은 곳이었다. 벌써 3년째 이곳을 다니고 있으니 모리도 이 도장의 노후화에 일조한 셈이다. 보름 만에 찾은 도장의 입구에는 못 보던 안내문이 한 장 붙어 있었다.

     오늘(9월 3일)부터 5일간 오키나와에 출장을 갑니다. 얼굴 본 분들게는 직접 고지드렸으나, 이를 알지 못 하고 들려주신 수련자가 있으실까 안내문을 부칩니다. 도장은 열려 있으니 제가 없어도, 편히 수련하다 돌아가십시오. ― 관장 이관훈 올림.

     모리는 '오키나와라면…… 이런 행사가 열릴 곳이 현민회관밖에 없을 텐데?'라고 생각하며, 그 근처에 사는 부모의 얼굴을 그려보았다. 체험해보시라고 해도 외국의 무술복 같은 걸 입지는 않을 두 분인데도, 어쩐지 이 관장님과 아버지가 나란히 대치한 투샷 장면이 상상되었다. 무료강습이라도 받는다면 빚을 갚는답시고, 돌아가는 공항까지 관장님을 모셔다줄 아버지였다.
     언어 습득과 학교 공부에 꼬마 시절부터 놀라운 성취를 보였던 모리는, 두말할 필요 없는 아빠의 자랑이었다. 그러나 제가 익숙한 언어, 그리고 제가 곧 익숙해질 언어는, 사실은 소통의 아주 작은 도구밖에 안 된다는 것을 모리는 일찍이 알았다. 제아무리

고심해 고른 단어들로 자신의 감정을 표현해도 부모에게는 별다른 메시지로 전달되지 않음을, 어린 모리는 고통스럽게 받아들였다. 부모는 기억도 하지 못할 사소한 일들마다 이 어린이는 매번 다른 것을 느꼈고 그 각각을 여러 나라의 언어로 끌어와서 표현할 줄 알았지만, 그렇다고 해서 가족이 똑같이 느껴주는 기적은 일어나지 않았다. 하나의 언어로 감싸인 모리의 감정은 곧잘 의도와 다르게 풀려나왔고, 모리는 모국어를 쓰는 일이 시시해졌다. 그 대신 다른 언어 익히는 시간을 늘렸다. 외국어를 모국어처럼 구사하는 것은 모리의 목표가 아니었다. 생각이 언어로 변환될 때는 늘 틈이 생긴다. 그것은 메워질 수 없다. 메워지지 않는 틈을 들여다보는 것이 모리의 은밀한 취미가 되었다.

  모리는 반드시 쥔 주먹으로 몸통을 지르고, 직선을 그리며 앞으로 차고, 주먹과 손날로 몸통을 막고, 돌려차고, 등과 목을 치는 동작을 연이어 천천히 수행해본다. 도복으로 갈아입지 않았는데도 편안한 몸과 마음이 되었다. 바람을 가르는 손날의 소리까지도 분명히 들리는 것 같은 고요가, 지금 이 도장에는 꽉 차 있었다. 이때 모리는 알 것 같았다. 하나의 언어가 자신의 몸에 스미고 있다는 사실을.

누굴 공격하고 싶지도 않고 자신이 다치고 싶지도 않아서 한 번도 싸워보지 않은 전갈이 있었습니다. 지구상의 전갈이라면 무릇 태어나자마자 일종의 토너먼트에 참여한 셈으로, 타고난 투사라는 기대를 받고, 실제로 많은 싸움을 치르나가며 그 번쩍이는 외피가 영광의 상처 가득한 갑옷으로 자리 잡기 마련입니다. 그러니 이 친구는 전갈치고는 이상한 성향을 타고났다고 말해야겠죠. 그러나 그의 입장에서는 제 성향치고 이상한 껍데기를 입고 났을 뿐!

누가 봐도 화낼 만한 상황에서도 누가 봐도 위험해 보이는 상황에서도 전갈은 침착했습니다. 적극적인 방어가 혹여 공격으로 변하지 않도록, 전갈은 심혈을 기울였습니다. 그 과정에서 그의 말솜씨와 외교능력이 신장되는 것은 당연했습니다. 직접 전갈에게 시비를 걸어오는 녀석을 상대하는 것은 실로 몇 차례 되지 않았습니다. 어느샌가 시비를 가리기 애매한 일이나 양쪽 주장이 판이한 사건이 생기면, 이곳 생물들은 앞다투어 전갈을 찾아오곤 했어요. 이상한 것은, 이러한 존경은 순전히 그의 침착한 판단과 섬세한 언변이 이룬 것인데도, 모두들 그의 흠결없는 껍데기를 바라본다는 점이었습니다. 그의 부드러운 성향이 아니라 딱딱한 외피를 섬기고 싶은 마음이 들던 거지요.

단 한 번도 싸우지 않은 전갈은 단 한 번도 이겨보지
않은 전갈이 될 수도 있었을 텐데요. 그렇게 되는
대신, 단 한 번도 져보지 않은 전갈, 위대한 전갈로
국제적인 명성을 더해갔습니다. 생의 첫 단추부터
제가 꿰지 않은 전갈입니다. 그가 바라는 대로 세상이
움직여주지 않으니, 전갈은 주변의 기대가 기껍지
않았습니다. 무엇 하나 꾸미거나 덧대지 않은, 태어난
그대로의 몸이, 그에게는 벗을 수 없는 탈처럼
느껴졌습니다. 같은 껍데기라도 소라게나 달팽이처럼
썼다 벗었다 하며 몸을 집으로 삼을 수 있었더라면
한결 가뿐했을 텐데요. 전갈은 영혼이 가볍게
느껴지지 않는 이유를 언제나 껍데기 탓으로
돌렸습니다.

전갈은 마을을 떠나고 싶어졌습니다. 몸을 벗을 수도 갈아입을 수도 없다면, 몸의 연장인 고향을 떠나보자는 심산이었죠. 물론 전갈을 향하는 시선이 그 어디라고 확연히 다르겠냐만, 정착한 전갈보다는 이동 중인 전갈로 살아보고 싶었던 거죠. 제2의 고향을 찾아서 '떠난' 전갈이 아니라 '떠도는' 전갈로, 그는 살아보기로 했습니다. 이름만 들어본 깊은 숲에도 들어가보았고, 언제나 백주만이 있는 것 같은 사막 한가운데도 통과해보았습니다. 대전투의 흔적이라고는 할 수 없지만, 바람과 태양이 만든 실금들이 드디어 그의 표면에도 새겨졌습니다. 언제고 새옷을 입은 듯 보이던 전갈에게는, 그것과는 비교할 수 없이 좋은 헌옷이 생긴 셈이었습니다. 강한 햇빛에 노출되며 연한 갈색으로 탈색된 꼬리 끝과 젖은 잎사귀에 부푼 집게, 셀 수 없는 걸음 끝에 뭉툭해진 옆발이, 그는 참 마음에 들었습니다. 그렇게 아는 생명 하나 없이 모든 계절을 걸으면서, 그는 가끔 몸 아주 깊은 데서 찌르는 어떤 감각을 감지했습니다.

독. 이전까지도 이후로도 이 독을 쓸 리는 없겠지만, 독을 가지고 있다는 것이 새삼 든든했습니다. 이제는 전갈이 사랑하는 몸 속에 든 것이었기 때문에, 독 역시 그의 몸 일부였기 때문에 좋았습니다. 이제 그의 정신과 몸은 잘 어울리는 한 쌍이 되었기 때문에, 이제 전갈은 스스로 전갈인 것이 썩 괜찮았습니다.

전갈은 쉬지 않고 걸었습니다. 걸음은 꾸준했고, 결코 서두르는 것은 아니었지만, 그의 몸에 익는 만큼 가뿐해지고 빨라졌습니다. 그러다 오늘 처음으로 전갈의 걸음이 느려졌습니다. 결코 멈추었다고 볼 수는 없지만, 깊은 생각에 잠긴 것처럼 전갈의 움직임은 잦아들었습니다. 이제 그는 생물보다는 정물처럼 보입니다.

자신의 독에 중독된 것인지 수명을 다한 것인지
전갈이 알 방법은 없습니다. 부모도 친척도 없었고
전갈의 역사를 배운 적도 없는 그에게, 전갈의
죽음이란 전갈의 탄생만큼이나 생소한 것이지요.
전갈은 길고도 짧은 자신의 생을 돌아보았습니다.
싸우지 않으려고 바친 생이나 마찬가지였습니다.
그렇게 잠든 전갈은 그 밤 꿈에서 처음으로 결투하는
자신을 맞닥뜨리게 됩니다.

1판 1쇄 찍음	2025년 11월 11일
1판 1쇄 펴냄	2025년 12월 1일

글	김미래
편집	김미래
디자인	mita

펴낸이	김태웅
펴낸곳	쪽프레스
출판등록	서울시 마포구 백범로48 2층 spineseoul

Copyright © 2025 KIM MIRAE
Printed in Seoul
All rights reserved

종이를 별미로 삼는 염소가 차마 삼키지 못한 한 권의
책을 소개하는 마음으로, 알려지지 않은 책, 알려질
가치가 있는 책을 선별하여 펴냅니다.
jjokkpress.com